中国家庭储蓄与债务问题研究

A Study on Chinese Household Savings and Debt

许晨辰　著

中国金融出版社

责任编辑：明淑娜
责任校对：潘　洁
责任印制：张也男

图书在版编目（CIP）数据

中国家庭储蓄与债务问题研究/许晨辰著．—北京：中国金融出版社，2022.5

ISBN 978 - 7 - 5220 - 1615 - 3

Ⅰ．①中…　Ⅱ．①许…　Ⅲ．①家庭—储蓄—研究—中国②家庭—债务—研究—中国　Ⅳ．①F832.22

中国版本图书馆 CIP 数据核字（2022）第 072898 号

中国家庭储蓄与债务问题研究

ZHONGGUO JIATING CHUXU YU ZHAIWU WENTI YANJIU

出版
发行　中国金融出版社

社址　北京市丰台区益泽路 2 号

市场开发部　（010)66024766，63805472，63439533（传真）

网 上 书 店　www.cfph.cn

　　　　　　（010)66024766，63372837（传真）

读者服务部　（010)66070833，62568380

邮编　100071

经销　新华书店

印刷　保利达印务有限公司

尺寸　169 毫米 ×239 毫米

印张　11.75

字数　166 千

版次　2022 年 5 月第 1 版

印次　2022 年 5 月第 1 次印刷

定价　45.00 元

ISBN 978 - 7 - 5220 - 1615 - 3

如出现印装错误本社负责调换　联系电话（010)63263947

厚积落叶听雨声

（代序）

送走每一个学生，作为老师再走在校园里，总是有很多失落，很多回忆，也有一些满足。

作为一名"70后"的老师，我也从长辈那里传承了这样一种期待：书念越多越好，学位越高越好。读博士，当然好！读书、教书和柴米油盐的体验，使我对学生的期待发生转变，面对现实，好好生活，也许比读书更好！晨辰入学不久就和我提出了读博士的愿望，我没有立即表态，也没有讲太多多读书的利与弊，痛苦与欢乐。我希望她先体验读书和研究，跟我读书，是不是最好的选择，一年以后，或者两年以后再作决定也不迟。

在之后的一年半载，我以各种方式悄悄地考察这位立志读博士的漂亮女生，为她画像，拼图。我知道读书的苦——脱发对一个年轻人的冲击，整天对着电脑写不出几行字的那种煎熬。社会是一本更厚的书，可以慢慢地、悠闲地读。

2017年的春天，下午的阳光正好，我在校园里遇见晨辰和她的伙伴，我提议举办一场小树林音乐会。没想到她们很快响应，两三天后就作出了详细方案，周五傍晚师门一帮人就在小树林载歌载舞了。我看到了晨辰的行动力，她的细致与担当。当时，我在作一个关于"身边人教育身边人"的教改课题，我在和晨辰的聊天中偶然提到要作一个问卷调查，考察同伴如何影响大学生的学习、生活和未来选择。晨辰欣然表示可以把我们的谈话内容转化成一个问卷，并从一名学生的角度补充一些问题。很快几个小时后，她把问卷发给了我，我对她的行动力以及她对我们谈话内容的理解力感到欣慰。这一年的夏天过后，她告诉我，决定继续硕博连读。我简单地回答"好"。

一个人的研究兴趣和使命是在发生变化的，或因为兴趣，或因为现实问题的需要。多年来，我一直作开放经济问题研究，之前带的几个博士都是以汇率、资本管制、对外投资和货币国际化为研究主题的。随着新常态下中国经济增长动能的讨论和中国老龄化提前到来，我特别想从年龄结构变化探索储蓄和经常账户，提出一个超大经济体概念，建立地区差异较大的一个开放国家的经常账户分析范式。为了让晨辰能够理解我的用意，我们首先讨论中国的高储蓄与人口年龄结构，从点到面，从内部经济出发再讨论外部经济。这个讨论和她的一篇习作"生肖文化是否会影响生育"一直平行进行。我觉得这篇习作的主题有意思，可以把对现实经济问题的观察和理论结合起来。生肖是中国一个重要的文化符号，每个中国人都知道自己的属相，生肖就是自我的一个标签，这种意识也影响自己对下一代的期待。从文化出发，给中国现在的家庭画像，从小问题推出大问题，这何尝不是研究的一个大胆的尝试呢？我们不知道进行了多少次讨论，多少次自我质询，论文在自我的激励下逐渐完善，但是也经历了很多质疑。经历这些，晨辰领会了什么是研究，研究的苦与乐；选一个自己和大家都感兴趣的主题，以及共识与共情对论文的"命运"是何等重要！这篇论文最后发表了，更多的收获是在发表之前。每一寸的进步有每一寸的欢喜。

我经常对晨辰说，写作起于对现象的观察，写作时，必须忘记发表。如果带着必须要发表的功利之心，你写不出好的作品。

选题是个问题，要自己有兴趣，要很多人都有兴趣，而且要有充分的数据。一个人先做什么，后做什么，都是有关联的。对家庭的观察，让我们总是离不开对家庭的讨论，老人、孩子、教育、养老。人到中年，我深深体验这四个关键词。理想的家庭是什么样呢？什么才是中国理想的家庭，票子、房子、车子、孩子是什么关系呢？连结它们之间的动词是什么？我的还没出校门的外地学生定了工作就开始在北京找房子。有房子担心房价跌，无房者望房兴叹。如果对北京 24 小时的人流、车流和房子作一次航拍，我们会看到一个什么样的动态图像？中国的家庭和美国的家庭有什么不同呢？理想家庭的未来是什么样呢？

提问的价值是帮助聚焦问题，最终，晨辰的论文选题是中国家庭储蓄与债务问题研究。

研究总是螺旋形上升的，它带来的知识的增量也是在这非线性的成长过程中产生的。研究主题要顺其自然，最终才会水到渠成。忘记功利性的发表，问自己是否解决了提出的问题。一篇好的文章，一定是少一个字不行，多一个字也不行。每个人都做不到这一点，但是我要求晨辰在答辩前默写文章要义2000字，她做到了。

家庭是社会的细胞，理解了家庭，就理解了社会，理解了中国。理解了家庭的目标、规划和约束，我们就理解了中国经济的过去、现在和未来。票子、房子、车子、孩子和老人的关系是什么？买房是消费还是投资？晨辰的论文回答了上述问题。家庭既是消费者，又是供给者，其活力是经济可持续发展的关键，是新时代大合唱中最重要的声部。

从校门到社会的大门是一个转变。论文的完成，一个好工作的落地，这是人生的大事，是关键的节点。但是，再次漫步校园里，再次坐在常常讨论的窗前，才会深深回味那每一寸的进步，每一寸的欢喜，人生的下一步，是开始，积跬步，至千里。

朱光潜先生曾叮咛年轻人，充满着未来希望和抱负的年轻人走出校门会发现，环境不尽如人意。环境不是生来美满，万一它美满，你就没有了存在价值。用自己的力量去改变它、征服它，那才是你存在的意义。我也曾经被现实捆绑着，烦闷着。但是朱光潜先生的话还是一直勉励着我到现在。自己的价值在哪里？朱先生总结了"三此主义"：此身应该做而且能够做的事，就得由此身担当起，不推诿给旁人；此时应该做而且能够做的事，就得在此时做，不拖延到未来；此地应该做而且能够做的事，就得在此地做，不推诿到想象中的另一地位去做。

那光阴去了很久，但是回声还是那么嘹亮，厚积落叶听雨声。学生一出门，见面就是遥远的事情。一次见面，我对晨辰说，学问和工作，不矛盾。在现实社会，女生更要有豁达之胸怀，无穷之意志，就像疫情期间你每天能盛装读书，完成一般人难以超越的工作，乐着别人的乐，苦着别人的苦。

打开窗帘，木欣欣以向荣，泉涓涓而始流，这又是一个充满活力的春天。我早早来到路口，替我的四面八方的学生领受了这美好的晨光。见字青吉，愿年轻人万事如意！愿晨辰这本青春之作，在这美好的春光里和读者见面。

李婧

2022 年 4 月 18 日

北京南城

目　　录

图表清单

第一章 绪 论

1.1 研究背景与研究意义

1.1.1 研究背景

全球进入低利率、低增长时代。20 世纪 80 年代以来,全球利率水平呈下降趋势,尤其是发达国家,90 年代后,新兴经济体利率也呈下降趋势(见图 1-1)。2008 年国际金融危机后,全球投资、贸易、消费低速增长,全球经济增速持续低迷,家庭、企业和政府债务高企。"低利率、低通胀、低投资、低增长、高债务和高财政赤字"构成了世界经济新常态的主要特征。走出"四低两高"的困境,几乎成为所有国家实现经济复苏的核心内容,以美联储为代表的发达国家央行采取了量化宽松的货

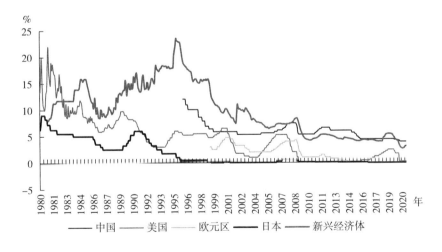

图 1-1 1980—2020 年全球央行基准利率

[资料来源:国际清算银行(BIS),https://www.bis.org]

1

币政策，全球经济体利率普遍下降。美国经历四轮量化宽松后，2015 年银行基准利率调至最低为 0.125%；很多发达国家（欧元区国家、日本）降息遇到零利率下限（zero lower bound），实际利率为负；新兴经济体利率水平也呈逐年下降趋势。[①] 即使各国采取量化宽松的货币政策，全球经济复苏进程仍然缓慢，同时贸易保护主义、逆全球化、地缘政治冲突等矛盾凸显。

后危机时代全球经济增长进入"长期停滞"阶段，即在巨大的危机冲击下，由于潜在产出增速下降，实际利率出现持续性下降，货币政策只能长期维持在前所未有的低利率水平（Summers，2013；2014）。[②] 在全球低利率、缓增长的背景下，2020 年新冠肺炎疫情给全球经济带来巨大的外部冲击，与 2008 年国际金融危机不同，此次疫情冲击不仅是供给冲击，而且是需求和供给的双重冲击。2020 年在全球主要经济体中，除了中国实现经济正增长，其他主要经济体均为负增长。为了应对疫情冲击，世界各国被迫实行宽松的货币政策，降低利率，刺激经济复苏。2020 年 3 月 23 日，美联储宣布实施无限制的量化宽松货币政策，至 2020 年底美国基准利率下降至 0.125%，日本基准利率下调为 -0.1%，新兴经济体平均基准利率下降至 2.9%。疫情冲击是全球经济近百年来遭受的最严重的外部冲击，全球疫情仍在蔓延，其影响还未全部显现。纵观全球利率水平的历史变化，本书认为，利率下降是必然趋势，并且在未来很长一段时间内，全球利率仍会处于较低水平。

对于全球低利率形成的原因，还要从利率的本质说起。主流的利率决定理论有以马歇尔—维克塞尔—费雪为代表的古典理论，真实利率由储蓄与投资的均衡决定。在凯恩斯的流动性偏好理论中，利率由交易动机、谨慎动机和投机动机导致的流动性偏好和货币数量共同决定。古典

---

① 由于数据可得性，本书选取了智利、中国、哥伦比亚、匈牙利、印度尼西亚、印度、墨西哥、马来西亚、秘鲁、菲律宾、波兰、罗马尼亚、泰国、土耳其、南非 15 个国家作为新兴经济体的代表。

② 早在 1939 年美国经济学家汉森讨论美国"大萧条"后经济复苏时就提出"长期停滞"的概念（Hansen，1939）；2013 年美国前财政部长萨默斯（Summers）提出发达国家在 2008 年国际金融危机后经济仍处于低迷状态，发达经济体步入"长期停滞"阶段。

理论主要研究长期利率决定，而凯恩斯理论研究短期利率决定。2008 年国际金融危机后发达国家央行实行非常规的货币政策，量化宽松的货币政策是利率下降的主要原因，那么在各国恢复常规的货币政策后，利率水平应该上升。然而，全球利率在近三十年内持续下降，货币政策影响利率的短期波动，而非长期利率。2005 年伯南克在一次演讲中提到过度储蓄与利率的关系，"在过去十年里，几种不同的力量共同导致了全球储蓄的大幅上升，这可以解释美国的经常账户赤字和当今世界范围内较低的长期实际利率水平"。[①] 超低的短期利率是由央行设定的，而长期债券的利率是由市场决定的，取决于对未来利率的预期（马丁·沃尔夫，2015）。本书从资金供求分析长期利率形成，学理上，利率被认为是货币资金的价格，由货币市场供求决定，当国内储蓄大于投资时，利率水平下降；当国内储蓄小于投资时，利率水平上升。

关于全球长期利率下行的驱动因素和机制，国内外学者一直深入探索，大部分学者从经济潜在增速、储蓄倾向和投资偏好三方面解释长期利率下行趋势。根据凯恩斯理论，技术水平提高即边际效能提高，如果资本边际效能降低，则利率必然下降，因为只有利率降至边际效能之下才有利可图。[②] 全球经历了三次产业革命，21 世纪第三次信息技术革命后期，尤其是 2008 年国际金融危机后，全球全要素生产率（TFP）增速回落，劳动生产率下降（Gordon，2012），技术进步放缓成为全球增长乏力的重要原因。利率必然会下降，才能促进投资，技术进步放缓是长期利率下行的重要原因（Rachel & Smith，2015；Eggertsson et al.，2019）。投资偏好中资本品价格下降、风险溢价上升和政府投资下降使投资减少，资本需求减少使利率下行（Rachel & Smith，2015；缪延亮等，2020）。

大部分学者还重点讨论了储蓄倾向对长期利率的影响，尤其是采用人口老龄化和收入不平等解释长期利率下行，原因是人口增速放缓、人

---

① 伯南克演讲 "*The Global Saving Glut and the U. S. Current Account Deficit*"，美联储委员本·伯南克（Ben S. Bernanke）在弗吉尼亚州经济学家协会桑德里奇讲座上的讲话，弗吉尼亚州里士满，2005 年 3 月 10 日。

② 参考《马寅初经济论文选集（下）》，北京大学出版社，1981 年 12 月版。此处边际效能即生产要素投入带来的边际产出。

口老龄化深化和贫富差距扩大是全球面临的严峻挑战。德国、意大利、波兰、匈牙利等欧洲发达国家人口负增长，日本、韩国也先后人口负增长，人口增速放缓会降低经济潜在增速，压低利率水平。全球人口老龄化不断深化，众多学者讨论了人口老龄化对长期利率的影响，得出"人老了，利率就会下降"的结论。第一，老年人预期寿命提高，相比当前消费，老年人更偏好退休后的消费，从而提高边际储蓄倾向，增加预防性储蓄，表1-1统计了欧洲国家分年龄段的居民储蓄率。在人口老龄化较严重的芬兰、法国和英国，65岁以上老年人的储蓄率更高，芬兰65~74岁老年人储蓄率最高为26.6%，法国75岁以上老年人储蓄率最高达40.2%。① 相对年轻、收入水平较低的国家，如波兰、立陶宛和斯洛伐克，其中年人的居民储蓄率较高。总体来说，随着收入提高和老龄化深化，居民储蓄率上升，从而货币供给增加，利率下降。

表1-1　　　　　　　　欧洲国家分年龄段的居民储蓄率

国家	低于35岁（%）	35~44岁（%）	45~54岁（%）	55~64岁（%）	65~74岁（%）	75岁以上（%）	老人抚养比（%）	人均GDP（欧元）
芬兰	2.9	18.9	21.2	24.1	26.6	25.6	35.1	43570
法国	17.6	29.5	32.2	38.5	39.5	40.2	32.5	35960
英国	12.6	17	15	13.9	18.9	16.9	28.9	37830
爱尔兰	18.8	27.2	22.3	22.2	26.4	26.3	21.6	72260
卢森堡	21.5	23.5	27.5	30.9	29.7	30.8	20.7	102200
波兰	28.3	29.4	31.4	28.1	30.7	28.6	26.4	13870
立陶宛	20.2	23.3	28.9	27.8	25.9	15.9	26.5	17460
斯洛伐克	16.8	16.6	23	19.8	15.4	12.5	23.5	17210

资料来源：欧盟统计局，网址 https://ec.europa.eu/eurostat/。老人抚养比是2018年65岁以上老年人占劳动人口的比重，人均GDP是2019年人均现价GDP。

第二，老年人的财富水平超过年轻人，利率取决于"财富流量"，且老年人与年轻人相比，财富差距较大，高收入人群的边际消费倾向较低，

---

① 2020年法国法定退休年龄为62岁，芬兰法定退休年龄为65岁，英国男女法定退休年龄提高至66岁。随着人口老龄化深化，各国退休年龄不断提高。

储蓄和财富增加使利率下行（钟正生和张璐，2021）。日益加剧的贫富分化影响长期利率，因为高收入人群的边际消费倾向低于低收入人群，收入不平等加剧会提高平均储蓄倾向，增加货币供给，压低利率水平。因此，从长期来看，储蓄增加压低了实际利率水平，人口结构变化、收入不平等是推动储蓄增加、利率下降的重要因素（青木昌彦，2015；Lisack et al.，2017；缪延亮等，2020）。

中国近三十年来，长期利率呈下行趋势，影响利率的因素众多，包括潜在增速放缓、货币政策、外部危机冲击等。根据古典利率理论，长期实际利率本质上是资金的价格，反映了市场资金的供求，即储蓄和投资的关系。改革开放以来，中国处于"高储蓄、高投资和高增长"阶段，高储蓄一直是以中国为代表的东亚国家的主要特征（麦金农，2005）。虽然长期利率下行，但是中国居民储蓄率没有下降（见图1-2），这似乎与传统凯恩斯理论利率越高，储蓄越高相悖。2008年国际金融危机和2015年中国经济进入新常态后，央行基准利率明显下降，储蓄水平却显著增加，这可能与人均收入增加有关，也可能与家庭人口结构和收入不平等相关。

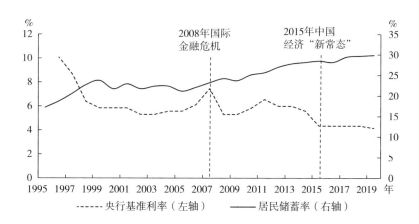

图1-2 1995—2019年中国居民储蓄率与央行基准利率

（资料来源：国家统计局，http：//www.stats.gov.cn；中国人民银行，http：//www.pbc.gov.cn）

中国储蓄率显著高于投资率（见图1-3），中国总体储蓄率一直处于40%~50%的高位，高于相同发展阶段的其他国家，其中较高的居民部门储蓄使国民储蓄率上升，2010年中国国民储蓄率最高为51.8%，2018年中国居民储蓄率最高已达30%。在储蓄大于投资的供求非均衡状态下，利率水平下降遵循资本市场规律。储蓄是影响长期利率的驱动因素，低利率往往和一国高储蓄并存。短期来看，储蓄率主要是货币利率的函数；长期来看，储蓄主要取决于人口结构和收入分配等变量（李扬等，2007）。较高的储蓄水平意味着消费不足，2020年中国"十四五"规划中提出"构建以国内大循环为主体，国内国际双循环相互促进的新发展格局"，在供给侧结构性改革基础上，中央提出"需求侧管理"，"形成需求牵引供给、供给创造需求的更高水平动态平衡"。扩大内需，刺激居民消费潜力，畅通国内大循环是中国未来经济发展的关键，因此，了解中国家庭储蓄倾向对需求侧管理、消费提质扩容、促进经济高质量发展有重要意义。

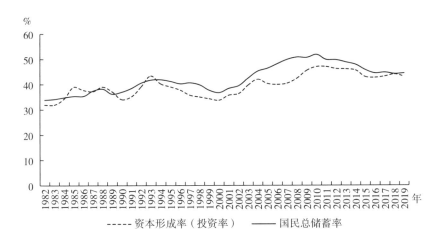

图1-3 1982—2019年中国储蓄率和投资率

（资料来源：国家统计局，http://www.stats.gov.cn）

全球低利率通常会降低其他长期资产的回报率，从而提高其价格：当投资从低收益的国债转到其他高收益的资产时，必然会拉高其价格，降低资产回报率，最长期的资产是房产，因此，实际利率下降毫不意外地拉高了房产的实际价格（马丁·沃尔夫，2015）。在低利率和高房价驱动下，信贷疯涨，非金融部门融资成本降低，全球各个经济体债务水平上升，其中家庭部门债务高涨（见图1-4）。全球主要发达经济体的居民杠杆率呈上升趋势，日本居民杠杆率在20世纪90年代经济泡沫破裂时达到最大，超过70%，美国居民杠杆率在2007年次贷危机前达到历史最高的97.7%，英国居民杠杆率逐年上涨。中国居民杠杆率虽然低于发达国家，但是近年来家庭债务增长迅速，2019年居民杠杆率达到53.9%，基本与日本持平。与西方发达国家不同，中国家庭资产和债务中住房是主要组成部分，中国人民银行发布的《2019年中国城镇居民家庭资产负债情况调查》显示，中国城镇居民家庭资产以实物资产为主，2019年家庭实物资产每户平均253万元，占家庭总资产的八成以上，城镇居民家庭的住房拥有率为96%，有一套住房的家庭占比为58.4%，有两套住房的占比为31%，三套及以上住房的占比为10.5%，城镇家庭平均每户拥有1.5套房产。调查显示城镇居民家庭负债率较高，债务结构单一，债务集中化现象严重。56.5%的受访家庭有负债，家庭债务以银行贷款为主，其中住房贷款是家庭的主要债务来源，75.9%的家庭将债务用于购买房产，并且收入高的家庭债务参与率较高，更容易获得银行贷款。

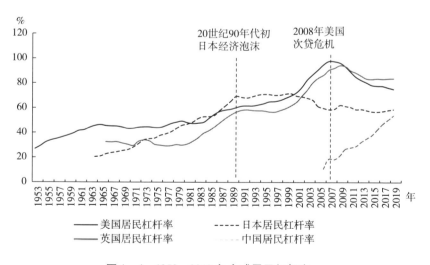

图1-4　1953—2019年全球居民杠杆率

（资料来源：BIS, https://www.bis.org）

历史经验表明，超低利率环境下的高债务容易引发危机。日本经济泡沫破裂之前，居民债务杠杆率达到最高，主要是因为居民参与股票市场和房地产市场投机；2008 年美国次贷危机引发国际金融危机的起源也是过度的家庭债务负担。[①] 长期低利率下，家庭借贷成本降低，家庭债务水平迅速增加，据国际清算银行统计，2008 年美国家庭债务占 GDP 的比重已经升至 95.9%，英国家庭债务占比达 92.6%。家庭债务主要是住房贷款和消费贷款，过度的住房贷款产生了房地产市场泡沫，金融杠杆率加大使金融市场更加脆弱，最终导致了国际金融危机爆发。2008 年国际金融危机后发达经济体家庭债务和杠杆率有所回落，但是 2019 年家庭债务占 GDP 的比重依然在 70% 以上。2014 年后全球家庭债务水平呈快速增长趋势，这主要是由于新兴经济体家庭债务占比逐年攀升，尤其是危机后增长速度加快，2019 年家庭债务占比已达 43.1%，巨额的家庭债务使新兴经济体本不完善的金融市场更加脆弱，宏观经济状况堪忧。[②] 显然高债务引发的金融脆弱性与全球低利率相关。

在长期低利率背景下，投融资成本下降，投资水平提高，各部门包括政府、企业和家庭部门债务增加，资产负债表恶化，其中家庭债务攀升一直是我们关注的问题。过去二十多年来，中国利率水平呈下行趋势，后危机时代家庭债务显著增加，居民杠杆率提高（见图 1-5），2008 年国际金融危机和 2015 年经济增速放缓后，中国基准利率下降，居民贷款增速明显加快，其中住房贷款是个人消费贷款的重要组成部分。低利率驱动住房价格和家庭债务不断攀升（见图 1-6）。

对于大多数中国家庭来说，购房需求是刚需。在低利率、高房价和投资渠道匮乏的情况下，购置房产不仅满足了家庭的消费需求，还满足了投资需求，因此，房地产市场迅速发展，家庭用于投资房地产的债务增加。2015 年中国经济进入新常态，进入高质量增长阶段，虽然金融市场的"去杠杆"导致中国政府和企业杠杆率有所下降，但是中国家庭债务快速增长的节奏令人担忧，2006—2019 年家庭债务占 GDP 的比重由

---

① 本书家庭和居民是同一概念，由于使用场景和资料来源不同，存在表达方式差异。

② 资料来源：2019 年世界银行《世界经济展望》（*Global Economic Prospects*）。

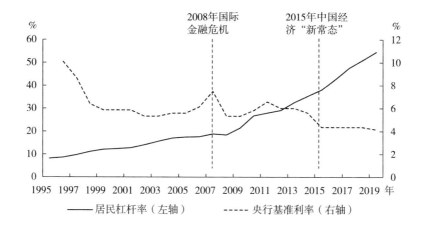

图 1 - 5　1995—2019 年中国居民杠杆率与央行基准利率

（资料来源：BIS, https：//www. bis. org）

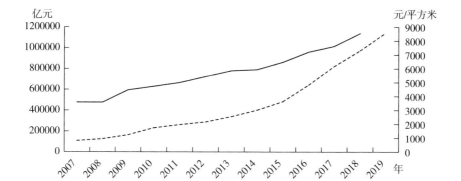

图 1 - 6　2007—2019 年个人住房贷款与商品房销售价格

（资料来源：Wind 数据库；国家统计局，http：//www. stats. gov. cn）

10. 8%快速增长至 55. 2%（BIS，2020）。不断高涨的家庭债务会导致金融脆弱性，可能引发债务危机，甚至经济危机。因此，研究中国家庭储蓄、家庭债务及两者的关系有重要意义，利率、房价是连接两个变量的重要桥梁。

　　本书旨在分析中国家庭高储蓄和高债务的问题，利率和房价是探究两者关系的重要变量。分析的主要内容包括：（1）建立和扩展已有的理论模型，将家庭储蓄、利率、房价与家庭债务纳入统一的理论分析框架；（2）探究中国家庭高储蓄的长期影响因素；（3）分析中国利率决定机制，实证检验家庭储蓄影响长期利率的机制；（4）比较利率和房价变动下家庭债务水平的变化；（5）针对中国扩大内需、畅通内循环，防控高房价、高债务引发的金融风险，保持货币政策独立性得出相关启示。

1.1.2　研究意义

1.1.2.1　理论意义

（1）将家庭储蓄、利率、房价与家庭债务纳入统一的理论分析框架。本书结合中国高储蓄和高债务的经济特征，建立三期世代交叠模型，分析家庭微观主体的消费、储蓄和负债决策，将微观主体决策与宏观利率、房价相结合，通过理论模型分析家庭储蓄、利率、房价和家庭债务之间的逻辑关系。

（2）综合考虑家庭储蓄的影响因素。对于中国家庭储蓄，大部分文献从单一视角如人口结构、预防性储蓄、文化差异、收入分配、流动性约束和房价变动等因素进行研究，实际上，这些因素都会引起储蓄的变动。因此，本书将已有文献中影响储蓄的主要因素纳入统一的理论框架，结合中国家庭时代特征，考虑预期寿命、代际财产继承和收入不平等因素，扩展三期世代交叠模型，探究中国家庭高储蓄之谜。

（3）深入分析储蓄对利率下行的影响机制。大部分解释利率下行的文献直接使用人口结构、收入不平等因素，其中的影响机制分析并不清楚。本书构建的理论模型深入分析了储蓄对利率的影响机制，以及人口结构、收入不平等和代际财产继承通过影响储蓄进而影响利率的机制。

（4）探讨利率与房价的关系对家庭债务的影响。本书将房价、家庭住房贷款引入三期世代交叠模型，探讨利率与房价变动对家庭债务的影响，并考虑房产的消费和投资双重属性，根据房产投资收益和成本理论，探索家庭在房价增长率和利率之间权衡的债务决策机制。

1.1.2.2　现实意义

（1）为激发居民消费潜力，畅通国内大循环提出建议。中国经济由高速增长到高质量增长，在外需疲软和全球不确定背景下，依赖投资和出口拉动经济增长遇阻，应该注重内需拉动，以国内大循环为主体，刺激国内消费需求。然而，中国家庭的高储蓄抑制了消费需求。本书从微观家庭入手，结合中国特色家庭特征，探究了家庭人口结构、收入不平等和代际帮助对储蓄的影响，厘清了家庭人口结构影响储蓄的"生命周期"效应和"预防性储蓄"效应。研究家庭高储蓄的影响机制可以为中国"需求侧管理"、激发消费潜力、畅通国内大循环提出相关启示。

（2）通过利率和房价，解释了中国家庭高储蓄和高债务的特征及联系，为防范高债务引发的金融脆弱性提出相关启示。本书探究了家庭储蓄影响利率水平、利率和房价影响家庭债务的机制。家庭贷款购房时，权衡借贷成本和投资收益的大小，利率下行和房价上涨会导致家庭债务高涨，这样容易引发资产泡沫和金融脆弱性。研究利率、房价和家庭债务的关系，有助于控制房价过快增长，有助于防范金融风险和泡沫经济。

1.2 研究内容与研究方法

1.2.1 研究内容

本书以利率和房价为中介变量，研究了中国家庭储蓄和家庭债务的关系，涉及微观和宏观家庭部门，研究内容和各个章节安排如下。

第一章提出研究背景、意义、内容、方法和创新点。通过对全球利率的观察，探究了长期利率下行与储蓄供给、人口结构和收入不平等有关，描述了中国家庭储蓄和债务特征，通过利率和房价解释了两者关系，引出研究问题，明确主题。

第二章综述重要文献。梳理家庭储蓄、利率、房价和家庭债务间的联系。首先，回顾和梳理了利率决定理论和利率规则；其次，总结了家庭储蓄的影响因素和长期利率的决定；最后，梳理了利率和房价对家庭债务的影响，并针对已有文献提出相关问题。

第三章构建了家庭储蓄、利率、房价和家庭债务的理论框架。在古典利率理论、生命周期—持久收入假说、预防性储蓄假说等理论基础上，将家庭储蓄、利率、房价和家庭债务纳入统一的研究框架中。首先，基于三期世代交叠模型，探究新时代中国储蓄的影响因素（家庭人口结构、收入不平等和代际财产继承）；其次，通过理论模型分析人口结构、收入不平等等变量影响储蓄，进而决定长期利率的影响机制；最后，将家庭住房贷款引入三期世代交叠模型，讨论利率和房价对家庭债务的影响机制。

第四章是中国家庭储蓄影响因素的实证分析。首先，从家庭人口结构切入，以微观视角分析中国家庭储蓄的因素，选取中国家庭追踪调查（CFPS）的面板数据进行实证检验，比较少儿抚养比和老人抚养比影响储蓄的"生命周期"效应和"预防性储蓄"效应，通过机制分析，解释家庭年龄结构变化对储蓄的影响。其次，分析家庭收入不平等对储蓄的影响，比较不同收入家庭的边际储蓄倾向，探究家庭代际帮助对储蓄的影响。最后，考虑到其他因素可能影响本书检验的假设和估计结果，对实证模型进行了异质性、稳健性和内生性检验。

第五章是中国利率的影响分析。首先，分析中国短期利率决定，从货币政策逆周期调节和发达国家货币政策外溢性两个方面，阐述了中国短期利率变动的原因；然后，选取宏观省级面板数据，实证检验家庭储蓄对长期利率的影响，并采用中介效应检验，将家庭储蓄作为中介变量，探究人口结构、收入不平等对长期利率的影响机制。

第六章是利率、房价对家庭债务的影响。首先，借鉴和梳理了美国、日本在利率、房价和家庭债务相互强化作用下引发危机的国际案例，总结了债务危机爆发的基础理论；然后，从微观层面和宏观层面进行实证检验，验证利率和房价对中国家庭债务的影响，并实证检验在房价增长率和贷款利率权衡下的家庭债务决策。

第七章是研究结论和启示。在全球持续低利率的背景下，中国货币政策空间受限，长期利率下行，家庭高储蓄和高债务并存，房地产投资加剧金融市场繁荣。本章针对释放家庭消费潜力，畅通国内大循环，控制家庭债务负担，更好地保持货币政策独立性和宏观审慎监管，防范金融风险和泡沫经济，提出相关启示。

1.2.2　研究方法

本书采用的分析方法包括理论分析和实证分析。

在理论分析中，着重分析生命周期—持久收入理论、预防性储蓄理论、古典利率理论、泰勒规则理论、债务通缩和金融不稳定假说理论，并对上述理论进行相应评述。在此基础上，本书构建了家庭储蓄、利率、房价和家庭债务的理论模型，通过模型分析了家庭储蓄的影响因素，储蓄影响长期利率的机制以及利率和房价对家庭债务的影响。

在实证分析部分，采用的研究方法如下：在研究中国家庭储蓄时，采用普通最小二乘估计（OLS）、随机效应模型，从家庭人口结构、收入不平等和代际帮助的角度，分析影响家庭储蓄的因素；[①] 在探索家庭储蓄影响长期利率机制时，采用了固定效应模型和中介效应检验，固定效应模型检验了储蓄变动对长期利率的影响，中介效应检验探究了家庭人口年龄结构、收入不平等通过影响储蓄进而决定利率的影响机制；在分析利率和房价对家庭债务的影响时，结合微观数据和宏观数据，选用随机效应模型、固定效应模型和广义矩估计（GMM）检验了利率和房价对家庭债务的影响，选用 GMM 和固定效应模型分析房价增长率与贷款利率的关系对家庭债务影响的异质性。

最后，本书以家庭储蓄和家庭债务决定理论为基础，结合实证结果，为促进消费提质扩容，扩大内需以畅通内循环，防止房价和家庭债务过快增长导致泡沫经济，防范金融风险，保持货币政策独立性和宏观审慎监管提出启示。

1.3　研究创新之处

本书扩展了三期世代交叠模型，构建理论框架，以利率和房价为中介，分析中国家庭储蓄、利率、房价和家庭债务之间的关系，并选择微

---

① 本书在研究微观家庭储蓄和家庭债务的影响因素时，采用了随机效用模型，因为微观数据涉及的年份时间较短，人口结构、收入不平等变量变化幅度较小，且本书主要探究家庭间的变化。

观数据和宏观数据进行实证检验，边际贡献如下。

（1）在生命周期—持久收入假说、预防性储蓄假说、古典利率理论的基础上，充分考虑了中国家庭特征和家庭文化，如预期寿命、代际财产继承、购房需求等，建立三期世代交叠模型，将家庭储蓄、利率、房价和家庭债务纳入统一理论框架，研究中国家庭储蓄代代相传和房价上涨阶段的家庭储蓄、债务决策，清晰地梳理了家庭储蓄和家庭债务的关系。

（2）解释了中国家庭储蓄和家庭债务与利率和房价的密切联系，将微观家庭事实与宏观经济问题相结合。运用中国家庭高储蓄解释了长期利率下行，通过利率下行和房价上涨的宏观事实解释了家庭债务增加的微观决策。利率是宏观经济调控的工具，房价在一定程度上反映了宏观经济。本书从微观家庭入手，探究家庭储蓄和家庭债务的特征及联系，利率和住房价格等宏观变量影响微观家庭储蓄和债务决策。

（3）探究了中国家庭购买房产的消费性质和投资性质双重属性，从家庭房产投资的成本和收益入手，研究贷款利率和房价增长率对家庭债务的影响。探究家庭债务增长的条件，为防范居民杠杆率过高和金融风险得出相关启示。

第二章　理论和文献综述

在全球低利率的背景下，中国家庭呈现"高储蓄"和"高债务"特征，利率是影响家庭决策的重要变量。针对家庭储蓄、利率、房价和家庭债务经济变量的研究较多，已有文献主要围绕利率的决定、家庭储蓄的影响因素和家庭债务积累的影响因素等方面展开。由此，本书分别从利率决定理论与利率规则，储蓄的影响因素，长期利率决定，利率、房价影响家庭债务四个方面对已有文献进行梳理。

2.1　利率决定理论与利率规则

2.1.1　利率决定理论

利率理论已有悠久的历史，利率伴随信用诞生，其核心思想是利率决定。只有通过对利率理论的深入研究，我们才能更清楚地认识到利率在现代市场经济中的杠杆作用，才能理解利率水平及其结构的变动对经济活动的影响，从而制定适宜的利率水平来宏观调控经济。利率决定是调节宏观经济的关键，利率水平变动及其影响因素涉及众多经济学理论，如资本流动、货币政策、信贷和经济发展等。按照时间线，本书梳理了最有影响力的利率决定理论，为构建理论模型奠定基础。

1. 马克思利率决定理论

马克思利率决定理论认为利息是剩余价值在不同职能资本家间的分配。借贷资本家把货币资本放贷给职能资本家，职能资本家得到货币资本后从事商品生产或商品流通，把利润的一部分以利息的形式转让给货币资本所有者。利息是平均利润的一部分，本质上是借贷资本家凭借出让资本使用权而获得的一部分剩余价值。马克思的利率决定理论认为利率介于零和平均利润率之间，因此，利率取决于剩余价值总量、平均利润率和贷款人与借款人之间的分配比例。长期来看，随着技术进步和资本有机构成提高，平均利润率呈下降趋势，因此，长期利率也呈下降趋势。

2. 古典利率理论

古典利率理论的代表经济学家有马歇尔、维克塞尔和费雪。马歇尔认为利率是资本的价格，价格取决于资本供给和需求的均衡关系，当资本供求相等时，就达到均衡利率水平，他认为利息是对"等待"的报酬。虽然马歇尔并未直接用储蓄和投资来表示资本供给和需求，但是实质上他所指的就是储蓄和投资。马歇尔的古典利率理论认为利率短期内受货币因素的影响，长期内取决于实物因素。维克塞尔提出了"自然利率"的概念，他认为自然利率是资本的边际效率，是资本供求相等即储蓄和投资相等时的利率，当央行决定的货币利率与自然利率相等时，实现经济均衡。①

费雪在1930年出版的《利息理论》中解释了几乎与利率相关的所有问题，为利率理论发展奠定了基础。费雪认为利息是对"人性不耐"的报酬。他解释："在利息理论中，利率只是现在财货与将来财货进行交换时的一种贴水，有一部分也是由主观的因素（边际欲求的导数）来决定的，换句话说，这就是现在财货优于将来财货的边际偏好。这种偏好叫作时间偏好，或者叫作人性不耐。"② 费雪认为利率取决于两方面，一方面是时间偏好或人性不耐决定的资本供给（储蓄），另一方面是由投资机会和超出收益所决定的资本需求（投资），前者是主观因素，后者是客观因素。总体来说，在古典利率理论中，利率是由资金的供给和需求，即储蓄和投资决定，只是导致资金供给和需求的因素不同。

3. 凯恩斯流动性偏好利率决定理论

凯恩斯认为利率由货币的供给量和需求量决定。他认为利息不是人们等待或者延期消费的报酬，而是放弃流动性的报酬。借款者向贷款者支付利息是因为人们都具有流动性偏好（Liquidity Preference）。在凯恩斯

---

① 维克塞尔在《利息与价格》中详细阐述了自然利率的决定。
② 费雪．利息理论［M］．上海：上海人民出版社，1979：51.

的分析框架中，货币供给是外生变量，货币供给不取决于经济运行的内在规律，而是取决于货币当局、央行或财政部的决策；货币需求主要取决于人们持有货币的三种动机，即交易性需求、谨慎性需求和投机性需求。货币需求和供给量决定利率水平，当利率水平降到一定水平时，人们预计债券价格下跌，都将持有货币而不持有债券，这就称为流动性陷阱。

4. 可贷资金理论

罗宾逊批判凯恩斯的利率理论，发展了古典利率理论，吸收了凯恩斯理论中货币因素对利率的影响，将古典学派利率决定理论和凯恩斯的流动性偏好理论统一，认为利率决定应该同时考虑货币因素和实质因素，利率取决于可贷资金的供给和需求，并提出了可贷资金理论。可贷资金的供给和需求来源于四个方面，可贷资金的供给取决于储蓄和银行新创造的货币，可贷资金的需求取决于投资和货币的净窖藏。可贷资金总供给和总需求相等时，利率达到均衡水平。利率是使用借贷资金的代价，影响借贷资金供求的因素即是影响利率的因素。

5. IS－LM 理论

希克斯和汉森在凯恩斯利率决定理论基础上提出 IS－LM 模型，在古典利率决定理论中加入了收入的影响因素。首先，根据古典利率理论投资和储蓄的均衡关系推导出 IS 曲线，当产品市场达到均衡时，利率和产出水平负相关；然后，根据凯恩斯的流动性偏好理论，由货币供给和货币需求推导出 LM 曲线，货币市场均衡时，利率和产出水平正相关。IS－LM 曲线的交点表示实物市场均衡和货币市场均衡，利率由一般均衡的条件决定，因此，IS－LM 利率决定理论也被称作一般均衡的利率理论。

6. 弗里德曼的三效应理论

学术界关于利率决定的理论大致分为三种：一是实物利率理论，强调储蓄和投资决定利率；二是货币利率理论，货币供求关系决定利率；三是一般均衡的利率理论，产品市场和货币市场均衡时达到的均衡利率。学者们围绕这三种利率决定理论展开了激烈的讨论。1968 年弗里德曼

《影响利率水平的因素》中，通过对货币供给的三个效应进行分析，得出了利率决定理论。三个效应分别是：流动性效应，影响货币需求的收入为"持久收入"，因此，货币需求稳定，当货币供给增加时，人们实际持有货币余额高于愿意持有的货币，购买证券的需求增加，利率水平下降；收入与物价效应，当货币供给增加时，人们的实物资产和消费也会增加，导致经济水平提高，货币需求增加，利率上升，同时物价也会进一步提高，使实际货币供给减少，利率上升；价格预期效应，又称"费雪效应"，持续上涨的物价会产生上涨的预期，名义利率会因为预期通货膨胀上升而上升。

2.1.2 利率规则

利率水平由货币当局来决定，央行根据一定的利率规则来制定利率政策，利率规则即制定适宜的货币政策，根据一定的规则来指导设定央行的利率操作目标。本书梳理了三种基本的利率规则。

1. 维克塞尔规则

早期维克塞尔（Wicksell，1898）提出了以"利率规则"为形式的货币政策，虽然他处于主要工业国家实行金本位制的时代，但是他预见到纯粹法定货币标准的可能性，并提出在一个纯粹的法定货币标准下实施价格水平目标制的建议，运用利率政策来实现这一目标，即"价格上升，利率就要上升；如果价格下降，利率就要下降；然后利率就应该保持在新的水平上，直到价格的进一步变动要求其在相应的方向上作出变动"（Wicksell，1898）。维克塞尔的利率规则用数学形式表述为

$$i_t = \bar{i} + \varphi P_t \qquad (2-1)$$

$$或 \Delta i_t = \varphi \pi_t \qquad (2-2)$$

公式（2-1）中，P_t 是一般价格指数的对数，$\varphi > 0$，是利率对价格的反应系数；公式（2-2）中，$\pi_t \equiv \Delta P_t$，表示为通货膨胀率。维克塞尔法则反映了一般价格水平对利率的反馈规则，在这种规则水平下确实能将价格指数稳定在一定的水平。当时瑞典放弃金本位制，遵循维克塞尔的利率规则，运用利率政策减少了金本位后价格剧烈波动，与该时期

很多国家经历的价格水平剧烈波动相比，该政策取得了相当的成功（Jonsson，1979）。

2. 泰勒规则

危机前，文献一般将利率下降归因于央行货币政策框架调整以及新兴经济体储蓄过剩。20 世纪 80 年代开始，各国央行开始注重通货膨胀波动和就业波动之间的平衡，并逐步引入通货膨胀目标制（Inflation Targeting）。斯坦福大学教授泰勒（Taylor，1993）提出的最著名的泰勒规则不同于维克塞尔的经典主张，它指导了央行对偏离目标水平的通货膨胀率应当如何反应，而不参考可能达到的绝对价格水平。美联储把货币供应量作为宏观调控的主要手段，进入 90 年代后，美联储放弃调控货币供应量，而是把调整实际利率作为宏观调控的主要手段。根据泰勒规则，美联储的操作目标利率是根据经济运行的通货膨胀率和当期实际产出与潜在产出缺口的线性函数，可用公式表述为

$$i = i^* + a(\pi_t - \pi_t^*) + b(y_t - y_t^*) \qquad (2-3)$$

其中，π_t 是 t 期通货膨胀率，π_t^* 是目标通货膨胀率，y_t 是实际产出，y_t^* 为潜在产出，a 和 b 均是正的系数。当经济运行中通货膨胀率大于目标通货膨胀率时，那么央行应该制定较高的名义利率 i，更高的通货膨胀将导致失业增加，进而导致通货膨胀下降；当实际产出小于潜在产出时，央行制定较低的目标利率，促进产出水平提高。系数 a 和 b 表示了利率对通货膨胀率偏差和产出缺口的敏感程度。学者们使用泰勒规则针对不同时期数据进行了估算和模拟，其中美国 1979—1997 年经济运行数据中，通货膨胀的反应系数（a）均大于 1.5（Taylor，1999；Judd & Rudebusch，1998；Clarida et al.，2000），这表明当通货膨胀高于目标水平时，应该提高名义利率，并且提高幅度要大于通货膨胀高出目标水平的幅度。美国 1960—1997 年产出缺口的反应系数（b）均小于 1（Taylor，1999；Clarida et al.，2000），这表明当存在产出正缺口时，应该提高名义利率，并且提高幅度要小于通货膨胀高出目标水平的幅度。随后学者们在泰勒规则的基础上发展了利率理论。Goodhart（1992）针对英国情况提出类似的利率方程，即根据目标利率和通货膨胀率偏离水平制定利率。Judd & Rudebusch（1998）采用动态形式的反

应函数拟合数据，在泰勒规则的基础上引入产出缺口的变化率，美联储根据隐含的合意水平进行动态局部调整。Clarida et al.（2000）认为央行操作目标设定应该取决于预测值，并基于泰勒规则，在美联储的反应函数中引入了央行设定利率目标时可得的信息集。

3. 最优利率规则

伍德福德（Woodford，2003）通过运用 Kydland & Prescott（1990）建立的真实商业周期理论，将维克塞尔的思想运用到现代宏观经济理论。Woodford（2003）撰写的《利息与价格》在新凯恩斯主义框架下，提出了最优利率规则理论，指出货币政策目标值与实际值偏离越大，利率规则有效性越低，可视为社会成本或损失越大，因此，最优利率规则就是能够最小化社会损失效应函数的利率规则。《利息与价格》提出"管理预期"的概念，实际上是将利率规则问题纳入一个统一的线性理性预期的框架内。通过对 IS 曲线进行迭代，可得到其预期形式，根据公式推算，可通过对未来名义利率的承诺来降低市场对未来实际利率的预期，IS 曲线的预期方程可以表示为

$$\tilde{y}_t = E_t \tilde{y}_{t+1} - \sigma(i_t - E_t \pi_{t+1} - r_t^*) \qquad (2-4)$$

其中，i 是由央行制定的名义利率，r^* 是自然利率。假设存在黏性价格，优化价格设置后的预期菲利普斯曲线可表现为公式（2-5），其中 κ 是包含经济价格黏性的结构参数：

$$\pi_t = 1/(1+\rho) E_t \pi_{t+1} + \kappa \tilde{y}_t \qquad (2-5)$$

管理预期的引入为宏观经济调控带来新思路。广义来说，管理预期一般通过对未来通货膨胀、财政政策、汇率、利率进行承诺，或在当期实施财政政策来干预市场对未来实际利率和自然利率的预期，从而代替传统的货币政策来改善当期产出缺口；狭义上讲，前瞻性指引政策是各国央行通过指引市场对未来利率的预期，使市场预期利率与央行目标利率靠拢的现代货币政策工具。预期管理为近二十年来货币政策的模型化奠定了基础，此后，美国、英国、欧盟等或其央行使用动态随机一般均衡模型，宏观调控货币政策，最近的理论源头都要溯源到 Woodford（2003）的利率理论。前瞻性指引政策即预期管理有较低的成本和良好的

政策效果，学者们通过实证研究检验了货币政策预期管理的有效性，Campbell（2012）分析了美国债券市场和股票市场的高频数据，构建了市场对美国国债利率和通货膨胀率的预期，发现前瞻性指引政策会影响市场预期，缩小产出缺口。

为了便于掌握利率决定的思想脉络，我们将主要利率决定理论和利率规则总结在表2－1中。利率规则、现代利率决定理论仍是以实物利率理论、货币利率理论和一般均衡理论为基础，现代利率规则遵循的一般动态均衡仍是维克塞尔法则、泰勒规则和最优货币规则的延展。

表2－1　　　　　　　　代表性利率决定理论和利率规则梳理

分类	理论与规则	时间	代表人物	主要观点
利率决定理论	马克思利率决定理论	19世纪60年代	马克思（Karl Heinrich Marx）	利息是借贷资本家凭借出让资本使用权而获得的一部分剩余价值，利率介于零和平均利润率之间。
	古典利率理论	19世纪末至20世纪初	马歇尔（George Catlett Marshall）	利息是对"等待"的报酬，利率是资本的价格，取决于资本供给和需求的均衡关系。
			维克塞尔（Knut Wicksell）	自然利率是资本的边际产品价值，取决于资金的供给和需求即储蓄和投资。
			费雪（Philip A. Fisher）	利息是对"人性不耐"的报酬，利率取决于时间偏好或人性不耐决定的资本供给，投资机会和超出收益所决定的资本需求。
	凯恩斯利率理论	20世纪30年代（流动性偏好利率决定理论）	凯恩斯（John Maynard Keynes）	利率理论是利率由货币的供给量和需求量决定，利息是放弃流动性的报酬，人们都具有流动性偏好。
		20世纪50年代（IS－LM理论）	希克斯、汉森（John Richard Hicks，Alvin Hansen）	利率由产品市场和货币市场的一般均衡决定。

分类	理论与规则	时间	代表人物	主要观点
利率决定理论	可贷资金理论	20 世纪 30 年代	罗宾逊和俄林（Dennis Holme Robertson，Bertil Ohlin）	利率由可贷资金的供求关系决定，利率是使用借贷资金的代价，将古典学派利率决定理论和凯恩斯流动性偏好理论统一。
	三效应理论	20 世纪 60 年代	弗里德曼（Milton Friedman）	流动性效应、收入与物价效应、价格预期效应。
利率法则	维克塞尔规则	1898 年	维克塞尔（Wicksell）	价格上升，利率就要上升；价格下降，利率就要下降。
	泰勒规则	1993 年	泰勒（Taylor）	央行的操作目标利率是经济运行的通货膨胀率和当期实际产出与潜在产出缺口的线性函数。
	最优利率规则	2003 年	伍德福德（Woodford）	它是在统一的线性理性预期的框架下和一定的经济约束条件下，实现最小化社会损失的利率规则。

2.2 储蓄的影响因素

中国家庭高储蓄问题一直是国内外学者关注的焦点，本书全面梳理和总结了中国家庭高储蓄的原因，已有文献大致有以下五种解释。

1. 家庭人口结构与储蓄

家庭成员是储蓄行为的计划者和践行者，因此，家庭人口年龄结构影响家庭储蓄。凯恩斯（1936）提出绝对收入假说，阐述了实际消费支出与绝对收入之间存在稳定的函数关系，该假说对相对收入假说（Duesenberry，1948）、持久收入假说（Friedman，1957）和生命周期假说（Modigliani，1954）等消费理论产生了深远的影响。学术界通常把持久收入假说和生命周期假说合称为生命周期—持久收入假说（LC‑PIH），阐述了在新古典主义框架下微观主体即期消费的跨期决策，通过筹划一生的收入消费来实现效用最大化。生命周期—持久收入假说证明了长期边际消费倾向的稳定性，理性的消费者估算一生的稳定收入，据此来安排消费和储蓄，以平滑消费波动，实现一生的消费效用最大化。

现代消费理论把持久收入假说所强调的预期形成与生命周期假说所强调的财产与人口变量相结合，我们基于生命周期—持久收入假说，从家庭人口结构切入，研究家庭储蓄行为。生命周期—持久收入理论假设成年人工作获得工资收入，而少儿和老人没有收入来源，因此，当少儿抚养比和老人抚养比上升时，家庭储蓄率下降。国内外关于生命周期—持久收入假说的大量研究中，已有文献得出与假说一致的结论：Leff（1969）最早采用 74 个国家面板数据进行回归分析，结果显示人口抚养比上升会导致储蓄率下降；Higgins & Willamson（1997）和 Deaton & Paxson（2000）的实证结果均支持生命周期理论；国内人口结构与居民储蓄研究中，实证结果表明少儿抚养比与储蓄率显著负相关（王德文等，2004；董丽霞和赵文哲，2011；徐升艳等，2013；刘铠豪和刘渝琳，2015），老人抚养比也与储蓄率显著负相关（王德文等，2004；汪伟，2017；董丽霞和赵文哲，2011；杨继军和张二震，2013；吉黎和车婷婷，2019）。但是也有研究不支持生命周期假说，部分学者发现人口结构与储蓄水平关系不显著（Ram，1982；Wilson，2000；Ramajo et al.，2006；徐升艳等，2013）；还有大量实证文献表明中国老人抚养比上升会使居民储蓄显著增加（郑长德，2007；刘铠豪和刘渝琳，2015）。大量文献证明人口年龄结构对居民储蓄有显著影响，但是对于具体影响效应存在不同观点，这是因为经济处于不同的发展阶段，不同国家有不同的国情，研究的影响机制和实证方法也不尽相同。

2. 预防性储蓄假说与储蓄

当生命周期假说不能充分解释家庭储蓄行为时，研究者们尝试将预防性储蓄假说纳入研究储蓄水平的框架之中。预防性储蓄假说由 Leland（1968）提出，认为预防性储蓄是风险厌恶型消费者在未来收入不确定时进行的额外储蓄，当家庭预期未来收入存在不确定性时，居民通过储蓄平滑跨期消费、抵御不确定风险。相关文献对家庭预防性储蓄规模进行测算，Caballero（1991）和 Skinner（1988）分别测算出美国家庭预防性储蓄占比为 56% 和 60%，而 Dynan（1993）和 Lusardi（1998）测算美国

20 世纪 90 年代消费者支出不确定性时，发现预防性储蓄动机较小，不能解释美国老年人大量的财富积累。在中国居民预防性储蓄研究中，孙凤（2002）测算的预防性储蓄对中国城镇居民消费支出影响为 27.6%，对农村居民影响为 31.6%，雷震和张安全（2013）采用 2005—2009 年地级市面板数据，得出预防性储蓄是居民财富积累的重要原因，至少能解释人均财富积累的 20%～30%。Choi et al.（2017）采用微观数据库，测算出中国居民储蓄中预防性储蓄占比高达 80%。

不少学者的研究聚焦影响预防性储蓄动机的因素。家庭收入和支出的不确定性决定家庭的预防性储蓄（王策和周博，2016）。首先，预期未来收入的不确定是居民预防性储蓄动机的主要原因，这一结果在很多研究中得到印证（宋铮，1999；龙志和和周浩明，2000；万广华等，2003；施建淮和朱海婷，2004；周绍杰，2010；凌晨和张安全，2012）。其次，家庭重大支出的不确定主要来源于育儿、养老、医疗和住房这四方面的变化，这些因素影响预防性储蓄（李勇辉和温娇秀，2005）。余丽甜和詹宇波（2018）提出邻里效应在家庭育儿教育支出中的重要性；汪伟等（2011，2018）以及王树和吕昭河（2019）讨论了老年人的长寿效应，预期寿命延长会显著增加预防性储蓄，马光荣和周广肃（2014）运用家庭微观数据发现新农合显著降低了 60 岁以上居民的储蓄率，更大程度上促进了居民消费；朱波和杭斌（2015）发现医疗支出的不确定性在统计意义上显著增强了城乡居民的预防性储蓄动机；李雪松和黄彦彦（2015）采用家庭微观数据研究发现房价上涨和多套房的家庭决策对城镇居民储蓄有显著的正效应。由此可得，预防性储蓄是影响居民储蓄的重要因素。

3. 收入差距与储蓄

凯恩斯（Keynes，1936）认为，边际消费倾向随着收入增加而递减，因此，收入分配会影响储蓄率，贫富差距加大会使储蓄率上升。凯恩斯理论的支持者（Lewis，1954；Kaldor，1955）通过工人和资本家模型，得出储蓄主要来源于资本家的结论，发现收入分配对储蓄有重要影响。经典理论文献中，学者们主要从边际储蓄倾向和边际消费倾向的角度解释收入不平等对储蓄的影响，熟练工人与非熟练工人之间、资本所有者与劳动者之间的工资和财富差距越来越大，边际消费倾向会下降，边际储蓄倾向提高，高收入人群与低收入人群相比边际储蓄倾向更高、储蓄更多，因此，收入差距扩大会使储蓄率上升，还会进一步压低利率水平（Rachel & Smith，2015；李宏瑾，2018）。后续学者们还从人力资本投资（Becker，1975；陈工等，2011）、遗产馈赠机制（Blinder，1975）、炫耀性消费（Walther，2004）和目标性消费（余永定和李军，2000；汪伟和郭新强，2011）的角度解释了收入不平等对家庭储蓄的影响。

　　已有大量研究实证检验收入不平等对储蓄的影响，Dynan et al.（2004）选取美国数据估计收入五等份组的平均储蓄率和边际储蓄倾向，其中高收入组的平均储蓄最多，中高收入组的边际储蓄倾向（45%）最高，是低收入组（5%）的9倍。Cynamon & Fazzari（2014）测算美国最富有的5%的群体会比其他人储蓄更多，储蓄率是其他人的近3倍。Saez & Zucman（2014）测量了美国长期家庭财富与储蓄之间的关系，在20世纪60年代，拥有最多财富1%的人的储蓄率远远超过其他人，2010年储蓄率接近40%，财富水平前1%～10%的人的储蓄率接近16%，而剩余90%的人的储蓄率接近零。不仅在美国，Crossley & O'Dea（2010）采用英国数据实证验证了高收入人群储蓄率更高，收入差距加大会使储蓄增加。中国居民高储蓄一直是学术界关注的重点，很多学者从收入不平等角度来解释，金烨等（2011）基于中国城镇数据调查证实，日益扩大的家庭收益差距会抑制消费，刺激储蓄；汪伟和郭新强（2011）从收入不平等和目标消费角度解释了中国高储蓄，认为收入不平等程度越高，消费习惯越强，储蓄水平越高；陈斌开（2012）基于生命周期理论，采用省级面板数据进行实证研究，发现中国城乡收入差距越大，居民消费需求越低；甘犁等（2018）采用中国家庭微观数据验证了以下结论：高收入家庭储蓄率远高于低收入家庭，当收入差距扩大和流动性约束增强时，家庭储蓄率上升。

　　4. 文化、习俗角度解释家庭储蓄

　　文化差异是解释利率水平的重要因素，已有文献基本都是从居民高储蓄的视角进行分析。东亚国家如中国、日本、韩国、新加坡的储蓄率普遍偏高，而西方欧美国家过度消费，储蓄率普遍较低。众多学者从消费文化、习俗差异的角度来解释国家之间的储蓄差异（Harbaugh，2003）。勤俭节约、俭以养德是东亚文化的核心，在儒家思想的影响下，东亚国家居民注重未来财富价值，主观贴现率较低，边际储蓄倾向较高，该观点被称为"儒家资本主义学说"（金耀基，1983）。Cole（1992）在文化背景基础上提出非货币化商品，如社会地位、名牌大学，人们越容易通过努力获得非货币化商品，越愿意增加储蓄来获得非货币化商品，因此非货币化商品的文化环境是影响储蓄的重要因素（田丰等，2012）。Carroll et al.（2000）采用"习惯形成"来解释储蓄高低，即人们的行为决策会受到过去事情的影响，习惯越强，消费跨期弹性越强，储蓄率越高。田丰等（2012）运用这一理论解释了中美储蓄差异，中国传统文化影响深远，储蓄水平较高，而美国文化历史相对较短，"习惯形成"较弱，储蓄水平较低。叶德珠等（2012）采用儒家虚拟变量和性生活指数作为消费文化的替代变量，检验了儒家文化对消费的影响，认为居民受儒家文化的影响越大、自我控制力越强，则消费水平越低，储蓄水平越高。叶德珠等（2015）用具体的文化指标"Hofstede 文化指数"实证分析了文化影响储蓄的具体路径。路继业和张冲（2017）选取 OECD 成员面板数据，实证检验了宗教信仰对国家储蓄率的显著影响。Guiso et al.（2006）采用世界价值调查问卷，研究宗教信仰与勤俭节约的关系，发现宗教信仰可在一定程度上解释储蓄，但是解释能力有限。孙涛和黄少安（2010）研究发现中国文化传统、伦理道德和信念体系等非正规制度对居民储蓄、消费行为产生潜在影响，尤其是中国家庭传统文化对代际收入转移有显著影响。

5. 其他解释

除了以上居民高储蓄的原因外，还有一些其他解释。已有文献从性别比例失衡和婚姻市场竞争的储蓄动机出发，解释了中国家庭的高储蓄之谜（Wei & Zhang，2011；李树苗等，2012；邱俊杰等，2014；苏华山等，2016；魏下海等，2017；余丽甜等，2017），未婚家庭储蓄水平明显高于已婚家庭；有学者从土地财政、房价上涨的角度来解释中国居民高储蓄（谢洁玉等，2012；赵西亮等，2014；钟宁桦等，2018）；还有学者通过分析流动性约束来解释高储蓄率（万广华等，2001；Kuijs，2005；甘犁等，2018）。根据实物利率理论，利率是资金的价格，利率下降往往与高储蓄相关。众多学者从多个角度解释了中国居民高储蓄的原因（见表2-2）。

表2-2　　　　　　　　　　　文献对储蓄的归因

影响因素	主要观点		代表学者
人口结构	生命周期假说	少儿抚养比与储蓄率负相关	Modigliani（1954）；王德文等（2004）；董丽霞和赵文哲（2011）
		老人抚养比与储蓄率显著负相关	王德文等（2004）；汪伟（2017）；董丽霞和赵文哲（2011）；杨继军和张二震（2013）；吉黎和车婷婷（2019）
	违背生命周期假说	人口结构与储蓄关系不显著	Ram（1982）；Schultz（2005）；Wilson（2000）；Ramajo et al.（2006）；徐升艳等（2013）
		老人抚养比上升使居民储蓄显著增加	郑长德（2007）；刘铠豪和刘渝琳（2015）
预防性储蓄	预防性储蓄动机越强，居民储蓄水平越高		Leland（1968）；Caballero（1991）；Skinner（1988）；孙凤（2002）；雷震和张安全（2013）；龙志和和周浩明（2000）；Choi et al.（2017）
收入差距	收入分配会影响储蓄率，贫富差距加大会使储蓄率上升		Keynes（1936）；Rachel & Smith（2015）；Dynan et al.（2004）；Cynamon & Fazzari（2014）；汪伟和郭新强（2011）；陈斌开（2012）；甘犁等（2018）
文化差异	消费文化、习俗差异、儒家思想		Carroll et al.（2000）；田丰等（2012）；叶德珠等（2012，2015）；Guiso et al.（2006）；孙涛和黄少安（2010）；路继业和张冲（2017）
其他	性别比例失衡和婚姻市场竞争		Wei & Zhang（2011）；李树苗等（2012）；邱俊杰等（2014）；苏华山等（2016）；魏下海等（2017）；余丽甜等（2017）
	土地财政、房价上涨		谢洁玉等（2012）；赵西亮等（2014）；钟宁桦等（2018）
	流动性约束		万广华等（2001）；Kuijs（2005）；甘犁等（2018）

2.3 长期利率决定

长期利率持续降低引起了中外众多学者的关注，已有文献在古典利率理论的框架下，从资金供求的角度即储蓄和投资来解释长期利率下行的趋势，其中储蓄是提供投资资金的根源，是影响利率水平的重要因素（Rachel & Smith，2015；Carvalbo et al.，2016；Lisack et al.，2017；Papetti，2018；Eggertsson et al.，2019；Rachel & Summers，2019；朱超和易祯，2020；缪延亮等，2020）。已有文献表明，经济潜在增速、储蓄和投资偏好是长期利率下降的重要原因，储蓄对利率下降的贡献度更高（Rachel & Smith，2015）。根据利率决定和利率规则的理论，储蓄是压低利率的主要因素，国内外学者从这个角度进行实证检验。根据上述文献梳理结果，人口结构和收入不平等是影响居民储蓄的重要因素，大部分研究储蓄对利率影响的文献从人口结构和收入差距入手，预期寿命增加、人口增速放缓、人口老龄化、出生率和死亡率下降导致居民储蓄增加，同时收入差距扩大使居民边际储蓄倾向上升，储蓄增加，进而压低利率水平。因此，本书从人口结构和收入不平等两个视角，详细梳理了储蓄对利率下行影响的相关文献，见表2-3。储蓄对利率下行有重要解释作用，根据已有文献实证检验结果，人口结构变化和收入不平等可以解释利率下降的50%左右。

表 2 - 3　　　　　　　　　　储蓄对利率的影响

影响因素	影响机制	影响幅度	解释幅度	时间	经济体	文献
人口结构	预期寿命增加	降低利率1.5%	解释利率下降的三分之一	1990—2014年	发达经济体	Carvalho et al.（2015）
	预期寿命增加；人口增长速度放缓	降低利率1.6%	解释利率下降的45%	1980—2015年	全球国家	Lisack et al.（2017）
	总抚养比下降；劳动人口平均年龄增加	降低利率0.9%	解释利率下降的20%	1980—2015年	全球国家	Rachel & Smith（2015）
	人口增长放缓；退休时间延长	降低利率1.8%	解释利率下降的60%	1970—2017年	OECD成员	Rachel & Summers（2019）

续表

影响因素	影响机制	影响幅度	解释幅度	时间	经济体	文献
人口结构	人口增长率下降；预期寿命增加；非储蓄者增加	降低利率1%	—	1980—2030 年	欧元区	Papetti（2019）
	预期寿命增加；人口出生率下降	降低利率1.5%	—	1980—2030 年	欧盟	Bielecki et al.（2018）
	生育率和死亡率下降	降低利率0.86%	—	2005—2080 年	美国	Krueger & Ludwig（2007）
	劳动人口增速下降；预期寿命增加	降低利率1.1%	—	2009—2030 年	欧元区	Kara & Thadden（2016）
收入差距	收入对边际借款倾向①和边际储蓄倾向的影响	降低利率1%	解释利率下降的22%	1985—2005 年	美国	Lancastre（2016）
	收入差距增加，储蓄上升	降低利率0.45%	解释利率下降的10%	1980—2010 年	全球	Rachel & Smith（2015）
	收入差距增加，储蓄上升	降低利率0.6%	解释利率下降的20%	1970—2017 年	OECD成员	Rachel & Summers（2019）
	财富效应和预防性储蓄	降低利率0.45%~0.85%	—	1980—2011 年	美国	Auclert & Rognlie（2016）
	永久收入和不平等加剧增加储蓄	降低利率1%	解释利率下降的三分之一	1970—2014 年	美国	Ludwig Straub（2017）

注：边际借款倾向是指家庭每增加一单位收入借款的变动额。

2.4　利率、房价与家庭债务

在全球低利率的背景下，借贷成本、融资成本大幅下降，导致家庭债务增加、家庭杠杆率上升，几乎所有的发达经济体都经历过家庭债务快速增长的阶段，这引起了国内外学者们的广泛关注。已有文献主要从利率与信贷约束、房地产价格、收入不平等和其他因素等方面阐述家庭债务积累的影响因素。

1. 利率、信贷约束与家庭债务

贷款利率水平是家庭债务的成本，直接影响家庭债务水平，融资成本低、信贷约束宽松，则刺激家庭债务增加。在全球低利率环境下，世界发达经济体家庭债务高涨，国内外学者们根据各国的历史经验总结了利率、信贷约束对家庭债务的影响。Debelle（2004）认为家庭为缓解流动性而负债，较低的通货膨胀率和贷款利率是影响家庭负债的重要因素。关于美国低利率政策刺激家庭债务，Brown et al.（2013）比较了美国金融危机前后家庭负债，认为适当的信贷约束可以控制家庭债务规模；成十（2008）认为美国在2000—2004年连续25次降息推动了有害的抵押贷款发展，使房地产贷款为主的家庭债务骤增，房价上涨；伍戈等（2018）认为美国利率水平与居民杠杆率增速呈负相关关系，利率越低，居民杠杆率越高，并且中国利率与居民杠杆率也呈类似负相关关系。关于日本低利率与家庭债务，黄晓龙（2007）和成十（2008）梳理了日本泡沫经济的发展历程，认为日本20世纪80年代超低利率刺激了投资和债务，使资产价格高涨，尤其是房地产价格和股票价格，为泡沫经济埋下了隐患。韩国低利率政策也刺激了家庭债务增长，王剑（2014）的研究显示韩国在亚洲金融危机后实行放松信贷约束，鼓励信用卡消费，储户缴纳利息税和多次频繁下调利率等措施，这极大地促进了韩国家庭债务快速积累。同样，中国是最大的新兴经济体，利率水平虽然没有发达经济体低，但是长期利率下行也刺激了家庭债务积累，郭新华等（2015）采用1997—2013年中国家庭负债数据，得出短期内宽松的借贷约束促进了家庭债务增长的结论，而长期来看，宽松的借贷约束会导致家庭负债过高。

2. 房地产价格与家庭债务

家庭债务主要包括消费贷款和住房贷款，其中住房贷款金额量大，是家庭债务的主要组成部分，综观全球主要经济体的家庭债务变化，房产价格一直是推动家庭债务积累的重要因素。房价上涨对家庭债务的影响可以由信贷效应来解释，即房价上涨可以提高住房抵押物的价值，由此银行可以向家庭发放更多贷款，扩大了家庭外部融资能力，导致家庭以住房抵押贷款为主的负债大幅增加（张传勇等，2014；周利，2018）。Mian & Sufi（2011）研究发现美国次贷危机爆发前，房价上升是居民部门杠杆率提高的重要原因。王剑（2014）研究发现韩国 2001 年后低利率引发房价上涨，"地产不败"预期导致居民借入更多贷款用于房地产投机交易，家庭通过住房贷款、重复抵押和多笔借款的方式买入多套房产进行投机，在房价上涨和投机操作的循环作用下，家庭债务高涨，债务风险持续积累。

国内众多学者对房价变动和家庭债务也有大量讨论，已有文献采用宏观数据检验房价与住房贷款的关系，证明房价与住房贷款有正相关关系，并且两者相互强化（武康平等，2004；张涛等，2006），魏玮和陈杰（2017）采用省级面板数据，验证了房价和居民房贷杠杆之间存在显著相关关系。近年来还有众多文献采用微观数据讨论房价上涨与家庭债务的关系，隋钰冰等（2020）采用中国家庭追踪调查（CHFS）微观数据模拟房价和失业的外部冲击对家庭债务风险的影响，研究发现房价下跌对家庭债务风险有负向影响；周利和易行健（2020）通过 CFPS 数据实证检验得出，无论是有房家庭还是无房家庭，房价上涨对城镇居民贷款价值比和居民消费的影响显著；周广肃和王雅琦（2019）采用 CFPS 微观数据实证得出，住房价格快速上涨推动了家庭借贷数额增加和杠杆率急剧攀升，主要的影响机制是居民购买首套刚需住房的"直接效应"和购买多套住房的"投机效应"。

3. 收入不平等、城镇化、人口结构与家庭债务

Ranciere et al.（2010）和 Bellet（2012）分别从家庭议价能力和社会地位外部性的角度解释了收入不平等对家庭债务的影响机制。伍再华和张雄（2016）选取 2004—2013 年中国省市数据，研究得出城镇化水平和收入不平等影响家庭债务规模，城镇化水平越高，家庭债务越多，收入不平等对家庭债务影响具有区域异质性；伍戈等（2018）借鉴美国城镇

化率与居民杠杆率的紧密关系，通过实证检验，认为中国城镇化率提高是居民杠杆率提升的格兰杰原因，未来随着城镇化继续提升，居民杠杆率长期内仍有上升空间。郭新华等（2015）实证检验得出1997—2012年中国家庭少儿抚养比下降和老人抚养比上升导致家庭负债增长；周利等（2017）基于 LC - PIH 理论，选取 CFPS 微观数据得出，家庭人口结构是影响家庭债务规模的重要原因，人口结构通过收入分配影响家庭负债。

4. 其他因素与家庭债务

除了上述影响家庭债务的因素外，已有文献还从家庭收入和消费、劳动参与率、经济周期和经济水平、经济前景和未来冲击等方面讨论家庭债务（田新民和夏诗园，2016）。Feinberg（1986）最早提出家庭负债与经济增长的关系；Palley（1994）通过实证检验得出家庭负债规模和经济周期、经济增长有密切联系；郭新华和何雅菲（2010）选取中国1997—2008年数据，实证检验得出经济增长是家庭负债变化的重要原因。

综上所述，影响家庭债务的因素众多，利率水平和房价是众多学者研究家庭债务的重要因素。根据历史经验，发达经济体都经历了低利率、高房价和高债务的阶段。近年来，中国经济呈现长期利率下行、房价上涨、居民杠杆率上升的特征，并且随着未来利率继续下行和房价上涨，家庭债务有持续增加的潜力。

2.5　本章小结

已有文献对利率决定、家庭储蓄和家庭债务的影响因素进行了详细的研究，根据文献梳理结果，可以得出家庭储蓄、利率、房价与家庭债务的传导机制，具体为人口结构和收入不平等影响家庭储蓄，储蓄决定长期利率水平，在利率下行和房价上涨的共同影响下，家庭债务高涨。本书发现上述研究在解释家庭储蓄、利率、房价和家庭债务的关系时存在以下几个问题。

（1）在研究家庭储蓄影响因素的文献中，人口结构和收入不平等对家庭储蓄率的影响效应结果不一致。在已有的国内外研究中，少儿抚养比和老人抚养比对家庭储蓄率的影响不同，有研究显示为正相关，有研究为负相关或不显著，这可能与采用不同数据库有关，也可能与不同国家的人口生育政策有关。不能清楚地判断人口结构对家庭储蓄的具体影响机制，对于解释中国家庭高储蓄，释放消费潜力有很大障碍。

（2）在研究利率水平决定的文献中，相当一部分从货币政策入手，研究短期利率决定，然而短期利率受经济周期和发达国家货币政策的影响更大，研究长期利率变动对经济的影响更有现实意义。大部分研究长期利率变动的文献从人口结构、收入不平等方面切入，但是并未说明影响长期利率变动的具体机制，这样就不能判断长期利率下行的原因和机制。

（3）在家庭债务影响分析中，大部分文献集中于利率、房价、城镇化等单个因素对家庭债务的影响，以及家庭债务对居民消费的影响，然而少有文献考虑影响家庭债务的综合因素，以及家庭住房贷款消费和投资的双重性质。

（4）国内外文献对家庭储蓄和家庭债务的特征和原因讨论较多，但是少有文献系统地探究两者关系和影响机制，少有文献将储蓄、利率、房价和家庭债务结合起来，系统地讨论它们的相关关系和传导机制。

针对上述文献综述梳理和对文献提出的问题，本书将从以下四个方面进行改进。

（1）在研究中国家庭高储蓄决策时，充分考虑中国家庭特色情况，如预期寿命、代际帮助、计划生育等，采用多个年份的家庭微观调查数据，增加数据样本，分析人口结构和收入不平等对家庭储蓄的影响机制，采用适合中国家庭生育观念的工具变量检验实证结果可靠性，厘清现阶段中国家庭人口结构对储蓄影响的"生命周期"效应和"预防性储蓄"效应。

（2）研究长期利率决定的影响机制，基于利率决定的理论基础，验证人口结构和收入不平等通过影响储蓄进而决定长期利率的机制。根据人口老龄化不断深化和收入不平等加剧，可以推测未来长期利率水平仍呈下降趋势。

（3）在讨论中国家庭债务增长时，综合考虑利率与房价对家庭杠杆率的影响，结合中国国情，探究房地产的消费性质和投资性质，从房产投资的成本和收益入手，比较房价增长率和借贷利率对家庭债务的影响。

（4）按照本书的研究逻辑，将家庭储蓄、利率、房价和家庭债务纳入统一框架中进行研究，通过建立三期世代交叠模型，探求家庭决策的均衡解，以利率和房价为中介变量，探究家庭储蓄和家庭债务的逻辑关系和影响机制。

第三章 储蓄、利率与
家庭债务的理论框架

改革开放以来，中国经济增长迅速，居民收入水平大幅提高，家庭储蓄水平一直处于高位，同时，家庭债务水平和居民杠杆率也快速提高。大部分文献通过对中国家庭的观察，探索中国家庭高储蓄和高债务的原因（孙凤，2002；王德文等，2004；汪伟和艾春荣，2015；郭新华等，2015；甘犁等，2018）。在全球低利率的背景下，已有文献从资金供求即储蓄和投资的视角，探究美国和欧洲等国家低利率的驱动因素（Rachel & Smith，2015；Carvalbo et al.，2016；Lisack et al.，2017；陈创练等，2017；Bowman et al.，2014）。但是少有文献深入研究中国家庭储蓄和家庭债务之间的联系和影响机制，并且深入研究中国长期利率下行机制的文献并不多见，仍需要具体的理论框架来梳理中国家庭储蓄和家庭债务的联系。考虑到具有中国特色的经济发展背景，应该建立理论分析框架，以利率和房价为传导机制，探究中国家庭高储蓄、高债务的原因及其影响机制。

在中国，利率和房价是连接家庭储蓄和家庭债务的桥梁，家庭储蓄增加会增加货币供给，进而压低利率水平，利率下行降低了家庭融资成本，在房价单边升值预期下，家庭债务增加。最终，本书建立了一个包括人口结构、收入分配、代际财产继承、利率、房价和住房贷款的理论分析框架，基于 LC‒PIH 消费理论、预防性储蓄假说、古典利率理论等，将家庭储蓄、利率、房价与家庭债务纳入统一的理论模型中，讨论家庭储蓄与家庭债务的关系。

本书构建的理论分析框架和现有理论的区别主要表现在以下三方面。

（1）本书综合考虑了家庭储蓄的影响因素，探究中国家庭高储蓄之谜。对于中国家庭储蓄，大部分文献从单一视角如人口结构、预防性储蓄、文化差异、收入分配、流动性约束和房价变动等因素进行研究，实际上，这些因素都会引起储蓄的变动。因此，本书将已有文献中影响储蓄的主要因素纳入统一的理论框架中，采用三期世代交叠模型，分析中国家庭高储蓄的驱动原因。

（2）本书深入分析了储蓄影响利率的传导机制。大部分解释利率下行的文献直接采用人口结构、收入不平等等因素解释利率下行，其中的影响机制分析并不清楚。本书构建的理论模型深入分析了储蓄对利率的影响机制，人口结构在"生命周期"效应和"预防性储蓄"效应下影响储蓄率，收入不平等和代际财产继承影响居民的边际储蓄倾向进而影响储蓄，储蓄率的高低决定利率水平。

（3）本书探究了利率与房价对家庭债务决策的影响，从家庭负债购房的成本和收益的视角，分析信贷约束即利率水平和房价增长率对家庭债务的影响，并比较两者关系对家庭债务的影响，探究中国家庭高债务的主要原因。

3.1 模型设定、假设与最优化问题

3.1.1 模型设定

本章应用的理论模型是扩展的三期世代交叠模型，将家庭储蓄、利率、房价和家庭债务纳入统一的理论框架中，以家庭效用最大化为目标，通过理论模型推导试图回答以下三个问题：中国家庭高储蓄的影响因素是什么？长期利率下行的影响机制是什么？利率和房价变动如何影响家庭债务？

与传统的世代交叠模型相比，本书通过对中国家庭特征的观察，将预期寿命、代际财产继承、房价和家庭债务纳入理论模型中。

中国家庭债务以房贷为主，因此，模型设定家庭住房贷款为家庭债务，家庭购买房产全部来源于信贷借款，成年后工资收入偿还贷款。考虑到中国家庭购房资产化的现状，理论模型考虑了房产的消费和投资双重属性，因此，模型设定消费者是首套房购买者，房产最初价值满足家

庭居住需求，具有家庭消费性质，且具有消费刚性，纳入家庭效用函数；房产价值升值具有投资性质，放松了家庭预算约束。

中国人口老龄化速度加快对家庭重大消费、储蓄决策有重要影响，因此，模型中加入成年人生存到老年人概率的变量，代表老年人的预期寿命。

中国家庭有近千年的代际财产继承文化，在独生子女的家庭中，大多数家庭出现了"托举式"代际关系，父代倾尽全力帮助和扶持子代，遗留财产给子代，这对家庭储蓄、债务等重大决策有重要影响。

3.1.2　模型假设

我们从家庭跨期消费最优化决策入手，通过微观事实解释宏观问题，研究中国家庭储蓄和债务问题。在此选用消费者跨期决策的戴蒙德模型，传统的戴蒙德模型是两期交叠模型，为了符合中国家庭的实际情况，我们将模型扩展为三期世代交叠模型。模型的基本假设为：

（1）市场处于完全竞争市场结构。

（2）忽略资本折旧。

（3）暂不考虑政府行为，主要讨论家庭消费、储蓄、债务决策行为。

（4）将行为人视为理性的消费者，行为人一生划分为三个时期，分别是少儿时期（N_{t-1}^y）、成年时期（N_t^m）和老年时期（N_{t+1}^o），假设行为人在少儿时期没有经济来源，向成年后的自己借钱消费，并且行为人都能从少儿成长到成年人；成年时期行为人通过工作获得工资收入，工作无弹性；假设t时期成年人生存到老年人的概率为P_t，老年人退休后没有收入来源，依靠年轻时期的储蓄、利息和投资收益来消费，收入增长率或投资收益率为r_t。

（5）社会的人口增长率为n_t，同一时期既存在少儿，也存在成年人和老年人，即$N_{t+1} = (1 + n_t) N_t$。

（6）理论模型研究中国家庭储蓄和债务问题，中国特有的家庭文化影响家庭重要决策，无论收入高低，中国家庭都有较强的储蓄倾向，父代的储蓄和代际帮助以代际财产（Q_t）的形式遗留给子代，家庭作为决策的执行者，随着代际财产和储蓄一直延续，家庭的生命是永恒的，模型充分考虑了中国家庭文化特征。

（7）将家庭债务用住房贷款表示。结合中国住房贷款跨期消费、期限长、预期升值的特征，假设房款全部来源于信贷；假设无收入的少年通过住房贷款买房，成年时期消费者偿还贷款，并且享受房地产升值带来的福利；假设 t 期房产价格为 P_t^h，房产价格变动率为 r_t^h，即下一期房产价格减去上一期房产价格的差额与上一期房产价格之比，$r_t^h = \dfrac{P_{t+1}^h - P_t^h}{P_t^h}$。

考虑到近年来中国房价一直处于上行周期，家庭储蓄代代延续，因此，模型主要研究了家庭储蓄上涨、房价升值阶段中国家庭的储蓄和债务决策。

3.1.3 家庭最优化问题

根据以上假设，可以得出每个行为人的效用函数为

$$U = \ln C_{t-1}^y + \beta \ln C_t^m + \ln H + p\beta^2 (\ln C_{t+1}^o + \ln Q_{t+1}) \qquad (3-1)$$

其中，C_{t-1}^y、C_t^m、C_{t+1}^o 分别表示少儿时期、成年时期和老年时期的消费；H 是住房贷款额即房产初始价值；Q_t 是 t 时期的老年人遗留的代际财产价值；Q_{t+1} 是 $t+1$ 期的老年人遗留的代际财产价值；假设代际财产继承增长率为 l_t，即 $l_t = \dfrac{Q_{t+1} - Q_t}{Q_t}$，代际财产继承增长率将在下一节讨论。[①] w_t 是成年人的工资；假设工资增长率为 λ，即 $\lambda = \dfrac{w_t - w_{t-1}}{w_{t-1}}$；$p$ 是成年人活到老年人的概率（$0 < p < 1$），β 是跨期贴现系数，根据模型假设得到行为人三期的预算约束为

$$C_{t-1}^y + H = B_{t-1}^y \qquad (3-2)$$

$$C_t^m + S_t^m + (1 + r_t) B_{t-1}^y = w_t + \frac{pQ_t}{1 + n_t} + r_t^h H \qquad (3-3)$$

---

① 假设行为人 A 是成年人，则 Q_t 为 t 时期行为人 A 的父母遗留的代际财产，Q_{t+1} 是 $t+1$ 期行为人 A 成为老年人后为子代留下的代际财产。

$$C_{t+1}^o + Q_{t+1} = \frac{(1 + r_{t+1})}{p} S_t^m \qquad (3-4)$$

式（3-2）是少儿收入和支出恒等式。少儿时期无收入来源，通过向成年时期借款（B_{t-1}^y）来消费（C_{t-1}^y）和购买住房（H），其中少儿时期的消费除了日常消费，还包括教育支出，即人力资本投资。

式（3-3）是成年人的收入和支出恒等式。成年人的收入来源于工资收入（w_t）、继承的代际财产（$\frac{pQ_t}{1+n_t}$）和房产的投资收入（$r_t^h H$），其中，r_t^h 是房产价格变动率，若房产升值，则 $r_t^h > 0$，若房产贬值，则 $r_t^h < 0$，本模型假设房价不断上涨；成年人的支出包括消费（C_t^m）、为老年养老进行的储蓄（S_t^m）和偿还少年时期的借款本息和 $[(1 + r_t) B_{t-1}^y]$，其中贷款利率为 r_t。

式（3-4）是老年人的收入和支出恒等式。老年人没有工资收入来源，收入是成年时期留下的储蓄及投资收益 $\left[\frac{(1 + r_{t+1})}{p} S_t^m\right]$，支出包括老年人消费支出（$C_{t+1}^o$）和遗留的代际财产（$Q_{t+1}$）。在传统代际文化观念的影响下，大多数中国父母不会平滑其一生消费，而是选择留下部分代际财产给下一代继承，遗留的人均代际财产为 Q_{t+1}（$Q_{t+1} \geq 0$），随着人口增长和收入水平的提高，遗留的代际财产也会增加。[①]

由式（3-2）至式（3-4）整理得到行为人的预算约束：

$$(1 + r_t) C_{t-1}^y + C_t^m + \frac{p}{(1 + r_{t+1})} C_{t+1}^o + [(1 + r_t) - r_t^h] H$$

$$+ \frac{p(1 + n_t)(1 + l_t) - p(1 + r_{t+1})}{(1 + r_{t+1})(1 + n_t)(1 + l_t)} Q_{t+1} = w_t \qquad (3-5)$$

由式（3-1）和式（3-5）可得出消费者效用最大化的解：

---

① 当 $Q_{t+1} = 0$ 时，意味着老年人给子代遗留的代际财富为0，但是老年人本身具有人力资本，特别是低龄退休老年人，老年人身体健康可以实现自我照料，则节省了子女照顾父母的时间和成本，同时，老年人帮助子女料理家务和照看孩子可以节省家庭照料成本，延长年轻人工作时间，因此，老年人劳动参与虽然不直接创造GDP，但具有货币价值，是非货币型生产力，因此，代际帮助对子代意义重大。

$$C_{t-1}^y = \frac{1}{\beta(1+r_t)}C_t^m \qquad (3-6)$$

$$C_t^m = \frac{\beta}{2+\beta+2p\beta^2}w_t \qquad (3-7)$$

$$C_{t+1}^o = \beta(1+r_{t+1})C_t^m \qquad (3-8)$$

$$H = \frac{1}{\beta(1+r_t-r_t^h)}C_t^m \qquad (3-9)$$

$$Q_{t+1} = \frac{\beta(1+r_{t+1})(1+n_t)(1+l_t)}{(1+n_t)(1+l_t)-(1+r_{t+1})}C_t^m \qquad (3-10)$$

$$S_t^m = \frac{2(1+n_t)(1+l_t)-(1+r_{t+1})}{(1+n_t)(1+l_t)-(1+r_{t+1})} \times \frac{\beta}{2+\beta+2p\beta^2}w_t \quad (3-11)$$

3.2 家庭储蓄与利率

3.2.1 家庭储蓄的影响因素

上述模型可得出家庭最优化的储蓄水平，据此可得出家庭效用最大化时的储蓄率，即式（3-12）：

$$s_t = \frac{S_t^m}{w_t} = \frac{2(1+n_t)(1+l_t)-(1+r_{t+1})}{(1+n_t)(1+l_t)-(1+r_{t+1})} \times \frac{\beta}{2+\beta+2p\beta^2}$$

$$(3-12)$$

通过对家庭储蓄率求导，可以求出家庭人口结构对储蓄率的相关影响。本书设定 t 期人口增长率为 n_t，即少儿人口增长率为 $young = 1+n_t = N_{t+1}/N_t$，中年人生存到老年人的概率为 p，本书将这两个变量代表少儿抚养比和老年人的预期寿命，依次对家庭储蓄率进行求导，分析家庭人口结构变化对家庭储蓄率的影响，求导结果见式（3-13）和式（3-14）。

$$\frac{\partial s_t}{\partial(1+n_t)} = \frac{\partial s_t}{\partial young} = \frac{-(1+l_t)(1+r_{t+1})}{[(1+n_t)(1+l_t)-(1+r_{t+1})]^2} \times \frac{p\beta^2}{2+\beta+2p\beta^2} < 0$$

$$(3-13)$$

$$\frac{\partial s_t}{\partial p} = \frac{2(1+n_t)(1+l_t)-(1+r_{t+1})}{(1+n_t)(1+l_t)-(1+r_{t+1})} \times \frac{\beta^2(2+\beta)}{2+\beta+2p\beta^2} > 0 \qquad (3-14)$$

少儿抚养比对家庭储蓄率求导式（3－13）中，显然结果可知 $\frac{\partial s_t}{\partial young} < 0$，即少儿抚养比对家庭储蓄率的影响为负，家庭人口增长越快，少儿人口越多，则家庭储蓄率越低。老年人预期寿命对家庭储蓄率求导式（3－14）中，根据模型设定，n_t 是 t 期的人口增长率，目前中国人口增长率为正，即 $n_t > 0$；l_t 是 t 期的代际财产继承增长率；r_{t+1} 是 $t+1$ 期的利率。模型中涉及人口增长率、代际财产继承增长率和利率的关系，模型设定中代际财产继承主要来源于工资收入和房产投资收入，工资增长越快、房产升值率越高，则代际财产继承增长率就越高。因此，一般来说，生命周期中消费者代际财产继承增长率高于利率水平，即可以得出 $(1+n_t)(1+l_t) - (1+r_{t+1}) > 0$，进而可以得出 $\frac{\partial s_t}{\partial p} > 0$，即老年人的预期寿命越长，储蓄率越高，这符合预防性储蓄假说。预防性储蓄（Leland，1968）是风险厌恶型消费者在未来收入不确定时进行的额外储蓄，消费者的储蓄动机是为了预防未来收入不确定和平滑跨期消费。

为了分析家庭储蓄与代际财产继承的直接关系，本书对式（3－4）和式（3－11）进行了整理，可得家庭储蓄与代际财产继承的关系式：

$$S_t^m = \frac{p\beta^2}{2+\beta+2p\beta^2} w_t + \frac{p}{1+r_{t+1}} Q_{t+1} \qquad (3-15)$$

假定老年人遗留财产占成年时期收入的比重为财产继承率 q_t，则 $q_t = \frac{Q_t}{w_{t-1}}$，由式（3－15）可得家庭储蓄率与财产继承率的关系式：

$$s_t = \frac{S_t^m}{w_t} = \frac{p\beta^2}{2+\beta+2p\beta^2} + \frac{p}{1+r_{t+1}} \frac{1+l_t}{1+\lambda} q_t \qquad (3-16)$$

根据式（3－16），对家庭财产继承率求导可得：

$$\frac{\partial s_t}{\partial q_t} = \frac{p}{1+r_{t+1}} \frac{1+l_t}{1+\lambda} > 0 \qquad (3-17)$$

由式（3－17）可知，生存到老年人的概率、利率、代际财产继承增长率和工资增长率都为正，因此，家庭代际财产继承也是影响家庭储蓄的重要因素，代际财产继承率越高，家庭储蓄率越高。中国父母与西方父母不同，不会将其收入平滑一生消费，目前，中国家庭呈现"托举式"

代际关系新特征，尤其是在独生子女家庭，"孝道上行"现象凸显，父母竭尽全力帮助子代，大多数父母在世时选择代际帮助，即使子女已经有收入，父母还是以补贴、料理家务、照看孩子等形式帮助子女，父母去世时还会为子女遗留财产，房地产等不动产占总遗产的比重较大。子代接受父代的帮助后，收入和储蓄均增加，同时，代际财产帮助和继承也会加剧社会收入不平等。因此，代际帮助和代际财产继承是中国家庭观念的体现，是影响家庭储蓄的重要变量。

生命周期—持久收入假说阐明了消费者长期边际储蓄倾向和边际消费倾向稳定，理性的消费者根据一生的收入来安排消费和储蓄，平滑消费波动，实现效用最大化（李婧和许晨辰，2020）。虽然消费者在整个生命周期内边际储蓄倾向稳定，但是不同消费者的边际储蓄倾向和边际消费倾向有所不同。本书比较了高收入家庭和低收入家庭的边际储蓄倾向，探究收入不平等对家庭储蓄的影响，参考 Lancastre（2016）的做法，将家庭定义为两组，即高收入家庭和低收入家庭，低收入家庭占比为 $\eta(0 < \eta < 1)$，$\eta = \int_l f(r_t, \bar{y}_t, \sigma_{y_t}) dy_t$，则高收入家庭占比为 $1 - \eta$，$1 - \eta = \int_h f(r_t, \bar{y}_t, \sigma_{y_t}) dy_t$。高低收入家庭占比取决于密度函数 $f(r_t, \bar{y}_t, \sigma_{y_t})$，其中 $\bar{y}_t$ 是家庭平均收入，σ_{y_t} 是家庭收入标准差，σ_{y_t} 越大表示收入差距越大，收入不平等程度越高。假设家庭的平均收入 $\bar{y}_t = \eta \bar{y}_t^l + (1 - \eta) \bar{y}_t^h$，设定 $\bar{y}_t$ 为常数，$\bar{y}_t^l$ 是低收入家庭平均收入，$\bar{y}_t^h$ 是高收入家庭平均收入。[①]

根据以上模型设定，可以得到高收入家庭和低收入家庭的储蓄：

$$S_t^h = \frac{1}{1 - \eta} \int_h S_t(r_t, y_t) f(r_t, \bar{y}_t, \sigma_{y_t}) dy_t \qquad (3 - 18)$$

$$S_t^l = \frac{1}{\eta} \int_l S_t(r_t, y_t) f(r_t, \bar{y}_t, \sigma_{y_t}) dy_t \qquad (3 - 19)$$

由总的家庭平均收入可以推导得出高收入家庭和低收入家庭平均收入的关系：

---

① Lancastre 建立新凯恩斯世代交叠模型，从家庭边际借款倾向和边际储蓄倾向两方面，得出收入不平等会扩大会压低实际利率的结论。

$$dy_t^- = \eta dy_t^l + (1 - \eta) dy_t^h \overset{\overline{y_t}=0}{\Rightarrow} dy_t^h = \frac{-\eta}{1 - \eta} dy_t^l \qquad (3-20)$$

将社会总储蓄对高收入家庭的平均收入求导得式（3-21）：

$$\frac{\partial S_t}{\partial \overline{y_t^h}} = \eta \frac{\partial S_t^l}{\partial \overline{y_t^h}} + (1 - \eta) \frac{\partial S_t^h}{\partial \overline{y_t^h}} = (1 - \eta) \left(\frac{\partial S_t^h}{\partial \overline{y_t^h}} - \frac{\partial S_t^l}{\partial \overline{y_t^l}} \right)$$

$$= (1 - \eta)(MSR^h - MSR^l) \qquad (3-21)$$

将收入不平等对家庭储蓄求导可得式（3-22）：

$$\frac{\partial S_t}{\partial \sigma_{yt}} = \frac{\partial S_t}{\partial \overline{y_t^h}} \times \frac{\partial \overline{y_t^h}}{\partial \sigma_{yt}} = (1 - \eta)(MSR^h - MSR^l) \times \frac{\partial \overline{y_t^h}}{\partial \sigma_{yt}} \qquad (3-22)$$

已知收入不平等是高收入家庭平均收入的增函数，收入差距越大，高收入人群的平均收入越高，即 $\frac{\partial \overline{y_t^h}}{\partial \sigma_{yt}} > 0$，因此，收入不平等与家庭储蓄的关系取决于高、低收入家庭的边际储蓄倾向。根据本书3.1节家庭最优化的解，可以得到家庭最优储蓄为

$$S_t^m = \frac{2(1 + n_t)(1 + l_t) - (1 + r_{t+1})}{(1 + n_t)(1 + l_t) - (1 + r_{t+1})} \times \frac{\beta}{2 + \beta + 2p\beta^2} w_t \qquad (3-11)$$

根据式（3-11）可得家庭边际储蓄倾向：

$$MSR = \frac{\partial S_t^m}{\partial w_t} = \frac{2(1 + n_t)(1 + l_t) - (1 + r_{t+1})}{(1 + n_t)(1 + l_t) - (1 + r_{t+1})} \times \frac{\beta}{2 + \beta + 2p\beta^2} > 0$$

$$(3-23)$$

式（3-23）揭示了家庭边际储蓄倾向的决定，高收入家庭和低收入家庭的边际储蓄倾向主要取决于高、低收入家庭的代际继承财产增长率。一般来说，富裕的家庭有高收入，拥有更多财产继承给子代，高收入家庭的代际财产继承增长率大于低收入家庭，即 $l_t^h > l_t^l$，因此，$MSR^h > MSR^l$，由此可得高收入家庭平均收入与储蓄的关系 $\frac{\partial S_t}{\partial \overline{y_t^h}} > 0$，据此，可以推导出式（3-22）收入不平等与家庭储蓄的关系：

$$\frac{\partial S_t}{\partial \sigma_{yt}} = \frac{\partial S_t}{\partial \overline{y_t^h}} \times \frac{\partial \overline{y_t^h}}{\partial \sigma_{yt}} > 0 \qquad (3-24)$$

由式（3-24）可知，收入差距扩大会使储蓄增加，根本原因是高收入人群和低收入人群的边际消费倾向不同，高收入人群的边际消费倾向

低于低收入人群，这是众多国内外学者论证得出的结论，本书理论模型与基础理论一致。

根据以上模型推导，可以得出家庭人口结构、代际财产继承和收入不平等是影响家庭储蓄率的重要因素，即式（3－13）、式（3－14）、式（3－17）和式（3－24）。少儿抚养比上升使家庭储蓄率下降，老年人预期寿命延长使家庭预防性储蓄增加；代际财产继承越多，家庭储蓄率越高；代际财产继承加剧收入不平等，高收入家庭边际储蓄倾向较高，收入差距扩大使家庭储蓄增加。

3.2.2　家庭储蓄与长期利率

根据古典利率决定理论，利率由资金供求决定，储蓄率体现了全社会的资金供给情况，储蓄率越高，资金供给越多，利率就会下降，即 $\frac{\partial r}{\partial s} < 0$。根据式（3－13）和式（3－14）可推导出人口结构与利率的关系：

$$\frac{\partial r}{\partial young} = \frac{\partial s}{\partial young} \times \frac{\partial r}{\partial s} > 0 \qquad (3-25)$$

$$\frac{\partial r}{\partial p} = \frac{\partial s}{\partial p} \times \frac{\partial r}{\partial s} < 0 \qquad (3-26)$$

式（3－25）和式（3－26）揭示了家庭人口结构通过影响储蓄，进而决定利率的影响机制。少儿抚养比与利率正相关，少儿人口增加，家庭储蓄率降低，全社会资金供给减少，则利率上升；老年人预期寿命与利率负相关，老年人预期寿命延长，家庭预防性储蓄增加，资金供给增加，利率下降。

代际财产继承和收入不平等通过影响家庭储蓄，进而决定长期利率水平。用收入的标准差 σ_{y_t} 表示收入不平等，根据代际财产继承和收入不平等与家庭储蓄率的关系，即式（3－17）和式（3－24）推导得出利率决定公式：

$$\frac{\partial r}{\partial q} = \frac{\partial s}{\partial q} \times \frac{\partial r}{\partial s} < 0 \qquad (3-27)$$

$$\frac{\partial r}{\partial \sigma_{y_t}} = \frac{\partial s}{\partial \sigma_{y_t}} \times \frac{\partial r}{\partial s} < 0 \qquad (3-28)$$

由式（3-27）和式（3-28）可知，代际财产继承增加和收入不平等加剧使家庭储蓄率上升，资本供给增加，进而利率水平下降，代际财产继承、收入不平等与利率负相关。

本小节在古典利率理论的基础上，通过构建家庭最优化模型，探究了家庭人口结构、代际财产继承和收入不平等对长期利率的决定机制，分析了人口年龄结构和收入不平等通过影响家庭储蓄进而决定利率的影响机制。

3.3 利率与家庭债务

3.3.1 家庭债务的影响因素

上文理论模型推导了长期利率决定，基于现实观察，利率与债务相关，因此，本节研究长期利率对家庭债务的影响。基于微观家庭的三期世代交叠模型，根据式（3-9）可知，行为人实现跨期消费效用最大化时，住房贷款表示的家庭债务水平如式（3-29）：

$$H = \frac{1}{\beta(1 + r_t - r_t^h)} C_t^m = \frac{1}{\left[(1 + r_t) - r_t^h \right](2 + \beta + 2p\beta^2)} w_t$$

$$(3-29)$$

根据式（3-29）可得家庭杠杆率 h：

$$h = \frac{H}{w_t} = \frac{1}{\left[(1 + r_t) - r_t^h \right](2 + \beta + 2p\beta^2)} \qquad (3-30)$$

探究高债务的影响因素，对利率水平求导，可得利率与家庭债务的关系如下：

$$\frac{\partial h}{\partial r_t} = \frac{-1}{(2 + \beta + 2p\beta^2)\left[(1 + r_t) - r_t^h \right]^2} < 0 \qquad (3-31)$$

根据式（3-31）可知，利率与家庭杠杆率负相关，利率水平 r_t 越高，家庭融资约束越高，借贷融资成本增加，家庭债务减少，家庭杠杆率降低；利率水平越低，家庭融资约束越宽松，借贷融资成本下降，家庭债务增加，家庭杠杆率上升。

家庭债务主要以住房贷款为主，因此，房产价格也是影响家庭债务负担的重要因素。本书将居民杠杆率对房价增长率进行求导，得到房价增长率与家庭债务的关系如下：

$$\frac{\partial h}{\partial r_t^h} = \frac{1}{(2 + \beta + 2p\beta^2)\left[(1 + r_t) - r_t^h\right]^2} > 0 \qquad (3-32)$$

根据式（3-32）可得，房价增长率与居民杠杆率正相关，房价增长率越高，家庭债务越多，家庭杠杆率越高，这与现实经济情况相符。房产购买不仅有消费属性还有投资属性，并且房产是家庭资产和负债的重要组成部分，房价增长率作为房产投资的收益率，收益率越高，家庭用于房产投资的债务越多。

综上所述，利率和房价是影响家庭杠杆率的重要因素，利率下行和房价上涨使家庭债务增加，家庭杠杆率上升。

3.3.2 利率、房价增长率衡量下的家庭债务

本书模型的假设与事实相符，即房价增长率为正，且一直上涨。根据模型推导可知，理性的家庭决策者进行房产消费和投资时，会考虑是否负债购房，如果负债购房，那么全生命周期内的工资水平是否能负担住房贷款本息。因此，家庭会衡量贷款购房的成本和收益，成本即贷款利息，收益为房价增长率，如果房价增长率大于贷款利率，则家庭会选择增加债务购买房产。

中国大部分家庭，尤其是首套房家庭购房是为了满足住房消费需求和投资需求双重需求，因此，房产投资与其他投资产品不同，家庭会保留部分房产财富用于居住消费和代际继承，剩余升值的部分用于放松家庭预算约束。因此，理性的消费者在满足住房消费需求的同时，会根据自身收入水平，即工资高低决定房贷水平。当房价增长过快，超过房贷本息率时，家庭会突破收入约束，选择尽可能多地负债购房。因此，理性家庭通过衡量利率和房价增长率的大小进行负债决策，具体的决策情况见式（3-33）。

$$\begin{cases} r_t = r_t^h，可贷可不贷 \\ r_t > r_t^h，不贷款买房 \\ r_t < r_t^h < 1 + r_t，贷款买房，但考虑收入水平 \\ 1 + r_t < r_t^h，突破收入约束，贷款买房 \end{cases} \qquad (3-33)$$

（1）当 $r_t = r_t^h$ 时，$\dfrac{1}{1 + r_t - r_t^h} = 1$，家庭杠杆率 $h_0 = \dfrac{1}{2 + \beta + 2p\beta^2}$，此时家庭贷款买房或者使用自有储蓄买房没有差别。

（2）当 $r_t > r_t^h$ 时，$\dfrac{1}{1 + r_t - r_t^h} < 1$，家庭杠杆率 $h_1 < h_0$，家庭不会贷款买房，若住房是刚性需求，则家庭会使用自有储蓄购房。

（3）当 $r_t < r_t^h < 1 + r_t$ 时，$\dfrac{1}{1 + r_t - r_t^h} > 1$，家庭杠杆率 $h_2 > h_0$，大部分家庭选择增加贷款买房，满足住房的消费需求，但是房产升值不能弥补所有本息支出，部分贷款本息由家庭工资支付，总体来说，家庭负债购房可以获得收益，因此，家庭会增加贷款买房，中国大部分家庭属于这种情况；若家庭工资只能满足日常消费，不能负担任何购房成本，则理性的家庭不会贷款购房。①

（4）当 $r_t^h > 1 + r_t$ 时，$\dfrac{1}{1 + r_t - r_t^h} < 0$，家庭杠杆率 $h_3 < 0$，家庭不受收入约束的限制，选择贷款买房，因为房产升值部分可以完全偿还购房本息，家庭债务为负意味着家庭收益为正。此时无论收入高低，贷款买房不仅能拥有住房，还能获得超额收益，家庭债务杠杆会急剧增加，房地产市场会产生大量泡沫。

为了直观地了解家庭债务决策，本书将利率和房价增长率纳入图 3 - 1，长期利率（r_t）呈平稳下降趋势，房价增长率（r_t^h）上升，反映了房价不断上涨的事实。由于当房价增长率大于利率时，家庭才会负债购房，因此主要考虑阴影部分家庭债务决策。对于购买首套房的家庭来说，当 $r_t < r_t^h < 1 + r_t$ 时，有工资收入的家庭会选择贷款买房，并根据工资高低决定贷款额度，家庭债务增加；当 $r_t^h > 1 + r_t$ 时，任何家庭都会选择贷款买房，家庭债务快速增长，此时贷款买房既满足了家庭消费需求又满足了投资需求。

---

① 假设住房贷款利率为 10%，即 $r_t = 10\%$，t 期房产价值为 100 万元，$t + 1$ 期应还贷款本息和为 110 万元，$t + 1$ 期房价上涨为 200 万元，则房产价格增长率 $r_t^h = 100\%$，则此时房价升值的 100 万元偿还贷款本息，家庭还需要拿出工资里的 10 万元偿还本息。总体来说，家庭花了 10 万元获得了初始 100 万元的房产，因此，家庭会增加债务买房，同时会考虑工资水平。

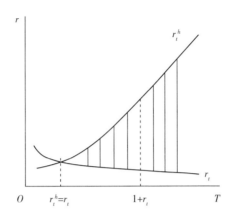

注：本书考虑中国房地产市场特征，房价一直上涨，r_t^h 一直上升，假设房价增长率的函数
形式为指数函数，如 $e^{r_t^h}$。

图 3-1　利率、房价增长率与家庭债务决策

3.4　小结与提出假设

基于上述分析可知，中国家庭高储蓄的影响因素众多，长期利率下行与家庭高储蓄有关，利率和房价对家庭债务尤其是住房贷款产生重要影响。本书在戴蒙德世代交叠模型的基础上，结合中国国情，加入了预期寿命、代际财产继承、收入不平等、房价和家庭住房贷款等变量，将家庭储蓄、利率、房价和家庭债务纳入统一的理论框架中进行分析，通过理论模型探究近年来中国家庭高储蓄的原因，储蓄压低长期利率的影响机制，并探讨了利率和房价对家庭债务的影响。

理论模型分析表明，家庭人口结构变化和收入不平等是影响中国长期利率的重要因素，人口结构、收入不平等和代际财产继承通过影响家庭储蓄进而决定长期利率。当前少子化和老龄化是中国人口结构的重要特征，少子化使家庭育儿支出减少，家庭储蓄增加；而随着医疗水平的提高，老年人预期寿命延长，在不完善的社会保障和医疗保障体系下，家庭预防性储蓄增加。中国经济发展具有非均衡性和非充分性，收入不平等日益加剧，同时，中国家庭普遍存在代际财产继承，加剧了收入不平等，这使大量财富累积在少数人手中，高收入家庭边际储蓄倾向高于低收入家庭，收入差距越大，家庭储蓄率增长越快。家庭储蓄增加使资金供给增加，根据古典利率理论，资金供给增加导致利率下降。

2008 年国际金融危机后，全球进入低利率时代，中国长期利率也呈下降趋势，利率下行使家庭融资成本降低，住房价格上涨，家庭债务增加，尤其是住房贷款快速上升，这进一步促使房价继续上涨。利率和房价对家庭债务有重要影响，房产投资既有消费属性，又有投资属性，家庭在较低融资成本和较高投资收益的经济基础上，通过负债进行房产投资，家庭债务过高容易引发金融脆弱性和经济危机。因此，本书建立理论模型，从房产投资成本和收益的角度研究利率和房价对家庭债务决策的影响。

由此，本书根据理论模型式（3 – 13）、式（3 – 14）、式（3 – 17）、式（3 – 24）、式（3 – 25）、式（3 – 26）、式（3 – 27）、式（3 – 28）、式（3 – 31）、式（3 – 32）、式（3 – 33），提出以下假设：

假设 1：少儿抚养比上升，家庭育儿支出增加，家庭储蓄减少；老年人预期寿命延长，家庭预防性储蓄增加。

假设 2：家庭收入不平等和代际财产继承使家庭储蓄增加。

假设 3：家庭人口结构、收入不平等通过影响家庭储蓄压低长期利率。

假设 4：利率下行和房价上涨使家庭债务增加。

假设 5：当房价增长率大于贷款利率时，房价增长率越高，家庭住房债务增长速度越快。

第四章 家庭储蓄的影响因素分析

4.1 中国家庭储蓄的现状分析

中国高储蓄之谜一直是国内外学者们关注的重点问题,家庭储蓄反映在中国长期的高储蓄率上,近二十年来,居民储蓄率处于高位增长阶段,如图 4 – 1 所示。①

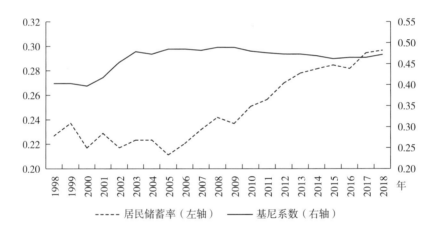

图 4 – 1 1998—2018 年中国居民储蓄率与基尼系数

(资料来源:国家统计局,http://www.stats.gov.cn)

纵观全球主要经济体的发展历程,中国居民储蓄率远高于同发展阶段的其他国家,从人均收入来看,2019 年中国人均 GDP 突破 1 万美元,居民储蓄率高达29.7%。比较同等收入的发达国家,美国 1978 年居民储蓄率为 10.96%,法国 1979 年储蓄率为 13.07%,日本、英国、德国等储

---

① 国家统计局统计居民部门储蓄率为居民储蓄率,本书家庭储蓄与居民储蓄率为同一概念,居民储蓄率 = (人均可支配收入 – 人均消费支出)/总收入。

蓄率均在 10% 左右。① 从国民经济总量来看，当国内生产总值接近 14 万亿美元时，美国居民储蓄率为 3.88% （2007 年），欧盟国家平均储蓄率为 4.3% （2018 年），远远低于中国居民储蓄率（29.7%）。2005 年中国居民储蓄率快速增长，虽然在 2008 年国际金融危机和 2015 年中国经济进入新常态时，居民储蓄率增速放缓，但是居民储蓄率依旧呈显著增长态势，由 2005 年的 21.3% 增长到 2019 年的 29.8%。中国居民高储蓄意味着消费潜力不能得到释放，目前中国经济处于高质量增长阶段，在外部需求疲软、国际环境不确定的背景下，"十四五"规划提出要实现国内大循环为主体，国内国际双循环相互促进的新发展格局。要想实现国内大循环畅通，就要扩大国内市场，拉动内需，刺激居民消费，然而过高的居民储蓄水平不利于刺激消费需求。因此，研究中国居民高储蓄的长期驱动因素尤为重要，只有清楚家庭储蓄率长期高位运行的原因，才能更好地释放消费潜力，畅通国内大循环，实现高质量增长。

根据文献梳理结果和理论模型，我们发现中国家庭储蓄水平一直处于高位，除了收入增长因素外，人口结构和收入不平等是影响家庭储蓄的重要因素。近三十年来中国人口结构在生育政策的外生冲击下发生很大变化（见图 4-2），1982—2011 年总人口抚养比大幅下降，主要是因为 20 世纪 70 年代计划生育政策导致少儿抚养比大幅下降，1982—2011 年少儿抚养比由 54.62% 下降到 22.1%；老人抚养比缓慢上升，2012 年后老人抚养比增长速度加快，这主要是由于中国 20 世纪 60 年代的"婴儿潮"人口进入退休年龄。2015 年二孩政策放开，少儿抚养比平缓上升，因此，总抚养比由降转升，逐年递增。人口结构决定储蓄，根据生命周期理论，抚养比下降会使家庭储蓄增加，中国近三十年少儿抚养比和总抚养比下降，在一定程度上促进了家庭储蓄积累。中国人口进入老龄化阶段，近年来老人抚养比明显上升，这与医疗水平提高和预期寿命延长有关。根据人口普查数据，1990 年中国平均人口预期寿命为 68.55 岁，2000 年为 71.4 岁，2010 年为 74.83 岁，预期寿命逐年递增。根据世界卫

---

① 数据来源：OECD 数据库。

生组织发布的报告《2020 年全球各国人均预期寿命》，截至 2020 年，中国人均预期寿命77.3 岁。经过近三十年，中国平均预期寿命增长近十岁，在中国社会和医疗保障体系尚不完善的背景下，老年人增加预防性储蓄用于未来养老和医疗，这极大地促进了家庭储蓄的积累。因此，长期来看，中国家庭人口结构变动在一定程度上解释了中国家庭高储蓄之谜。

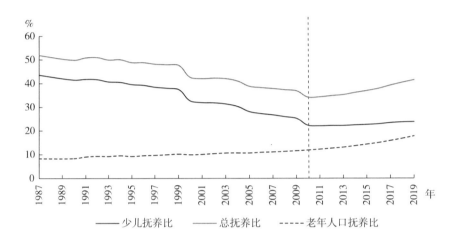

图 4 - 2　1987—2019 年中国人口年龄结构

（资料来源：国家统计局，http：//www.stats.gov.cn）

改革开放以来，中国居民收入快速增长，中国地域辽阔，不同地区开放条件、自然资源、地理优势不同，再加上改革开放初期实施"先富带动后富"的发展策略，这使中国经济发展呈现"不充分、非均衡"的特征，城乡、地域、行业等多领域的收入分配失衡。根据已有文献和理论模型可知，收入不平等是驱动中国家庭储蓄的重要原因。中国收入不平等问题一直比较突出，基尼系数一直高于国际警戒线（0.4），2004 年后中国基尼系数超过0.48，并有逐年扩大的趋势，虽然 2008 年国际金融危机后，全国基尼系数有微幅下降趋势，但是依旧保持在大于 0.45 的较高水平（见图 4 - 1）。收入不平等对家庭消费储蓄决策有重要影响，收入不平等扩大使更多财富掌握在少数人手中，一般来说，高收入人群的边际储蓄倾向较高，因此，非对称的财富积累使居民储蓄水平变高。同时，代际财产继承是中国家庭传统文化的重要组成部分，父代对子代的代际帮助在大部分家庭中普遍存在，相当一部分家庭选择房产作为代际财产继承的载体，代际财产继承在一定程度上会加剧贫富分化，使家庭间的收入分配更加不平等，进而推动家庭储蓄水平上升。

4.2　中国家庭储蓄的实证检验

4.2.1　数据来源与变量说明

1. 数据描述

本章采用了中国家庭追踪调查（CFPS）数据。CFPS 数据来自北京大学中国社会科学调查中心，数据样本覆盖全国 25 个省、自治区、直辖市（除香港特别行政区、澳门特别行政区、台湾省、新疆维吾尔自治区、西藏自治区、青海省、内蒙古自治区、宁夏回族自治区和海南省），162 个县，635 个村庄或社区的 14798 个家庭。该数据库采用科学、随机的抽样方法，具有良好的代表性。调查每两年进行一次，本书选用 2014 年、2016 年和 2018 年的数据，原始数据中包含家庭关系、家庭成员、家庭、成人和少儿五部分，本书主要采用了家庭成员、家庭、成人和少儿数据库。家庭微观数据全面涵盖了家庭重要消费储蓄行为，包括家庭消费水平、家庭收入、人口年龄结构特征、家庭负债和代际财产继承等信息，能很好地验证本书提出的理论假说。

2. 变量说明

（1）被解释变量是家庭储蓄率。参照已有文献（Chamon & Prasad，2010；李雪松等，2015）做法，家庭储蓄率表示为家庭可支配收入减去消费性支出的净收入占可支配收入的比例。家庭可支配收入包括工资收入、农业经营收入、工商业经营收入、转移性收入和投资性收入，家庭消费支出包括食品支出、衣着支出、居住支出、生活用品及服务支出、教育娱乐支出、交通通信支出、医疗保健支出和其他支出。本书对家庭数据进行了筛选，将储蓄率进行了 2% 的缩首缩尾处理，删除了储蓄率小于 –150% 和大于 80% 的异常值样本。

（2）解释变量家庭人口结构。家庭人口年龄结构，包括少儿抚养比和老人抚养比，即 1~14 岁少儿人口、65 岁以上老年人口占家庭劳动人口的比例。在稳健性检验中，本书还选取 60 岁以上老年人口占家庭劳动人口比例、1~14 岁少儿人口占家庭成员比例和 65 岁、60 岁以上老年人口占家庭成员比例等变量。本书还选取了与人口结构相关的预期寿命、死亡率等变量，省级预期寿命来源于人口普查数据，鉴于数据的可行性，本书参考周脉耕等（2016），选用了文献调查数据 2015 年省级预期寿命变量。

（3）解释变量收入不平等。关于收入不平等或收入差距的衡量办法大致分为三种：一是计算收入的方差、标准差、极值、中位数、变异系数等离散指标，这种测算方法直观简单，可以具体到微观主体，但是容易受到极值的影响，且要求数据样本足够大；二是测算收入或收入群占比，如收入的五分位占比，前 10% 高收入阶层收入占总收入的比重、城乡收入比等，这种测算重点反映某一阶层收入在总收入中的收入差距；三是计算不平等指数，如基尼系数、泰尔指数等。收入差距指数能较全面地反映社会的收入差距状况，但是计算方法复杂，不能反映详细的区域数据和微观个体的收入差距。

本书采用家庭微观调查数据，探究家庭储蓄因素和家庭收入不平等对储蓄率的影响，家庭数据样本量大，因此，本书选用各省份前 10% 的家庭收入占总收入的比重作为衡量收入差距的指标，指标取值范围是 0~1，越接近 1，说明收入差距越大。考虑到数据具有较强的家庭异质性特征，本书按照年份将家庭收入进行五等份分组，分别为高等收入组、中高收入组、中等收入组、中低收入组和低等收入组，生成虚拟变量，若家庭收入属于该组，则取值为 1，否则取值为 0，虚拟变量代表了不同收入阶层，较好地体现了组间异质性。

（4）解释变量代际财产继承。中国父母不会将其所有收入平滑一生消费，而是选择将部分财产遗留给下一代，或者通过经济帮助、帮忙照看孩子等方式帮助下一代。CFPS 数据库中没有直接体现家庭代际财产继承的变量，本书选用父母是否帮助子代料理家务照看孩子、父母是否给子代提供经济帮助等虚拟变量，代表代际帮助。

（5）控制变量。本书加入的控制变量包括家庭特征变量（家庭收入）、户主特征变量（户主的受教育年限、工作、性别、户口、年龄、婚姻和健康）和地区特征变量（地区人均生产总值），变量描述性统计如表4－1所示。

表4－1　　　　　　　家庭人口结构变量的描述性统计

变量类型	变量名	变量解释	均值	标准差	最大值	最小值	观测值
被解释变量	saving_rate	储蓄率	0.209	0.379	0.799	－1.481	34084
解释变量	young	少儿抚养比	0.238	0.388	6	0	31450
	old	老人抚养比	0.252	0.544	2	0	31706
	old60	60岁以上老年人占劳动人口的比重	0.387	0.646	2	0	31450
	young_rate	少儿人口占比	0.128	0.180	0.833	0	32893
	old_rate	老年人口占比	0.181	0.324	1	0	32893
	old60_rate	60岁以上老年人口占比	0.260	0.364	1	0	32893
控制变量	lneducost	教育支出取对数	8.305	1.301	10.309		16855
	lnmedcost	医疗支出取对数	7.575	1.385	10.683	0	29970
	lnbaocost	保健支出取对数	6.840	1.175	8.517	0	4921
	life	预期寿命	76.683	2.937	84.2	68.1	34078
	dead_rate	死亡率（‰）	6.274	0.780	7.54	4.26	34078
	lnincome	家庭收入取对数	10.516	0.985	12.612	2.303	33854
	lnpgdp	省份地区人均收入取对数	10.831	0.418	11.939	10.182	34078
	education	户主受教育年限	7.387	4.891	22	0	32475
	work	户主是否工作（是=1，否=0）	0.753	0.431	1	0	32798
	gender	户主性别（男=1，女=0）	0.525	0.499	1	0	33406
	hukou	户主是否为非农户口（是=1，否=0）	0.293	0.455	1	0	32685
	age	户主年龄	50.241	14.845	96	1	33406
	marriage	户主是否结婚（是=1，否=0）	0.839	0.368	1	0	32671
	health	户主是否健康（不健康到非常健康以1~5依次赋值）	2.881	1.207	5	1	33089

资料来源：2014年、2016年、2018年中国家庭追踪调查（CFPS）数据。

由表4-1可知，本书所选2014—2018年家庭追踪调查数据中，家庭平均储蓄率为20.9%，老人抚养比为25.2%，少儿抚养比为23.8%。中国国家统计局数据显示，2014—2018年居民储蓄率为28.7%，老人抚养比是15.2%，少儿抚养比是23%，微观家庭调查数据与国家统计局数据基本相符，家庭追踪调查数据的老人抚养比比国家统计局数据高一些，可能是因为老年人家庭数据样本抽样和问卷调查存在统计误差。总体来说，本书采用的调查数据具有科学性，具备后续实证检验的基础。为了更好地体现家庭人口结构的时间变化趋势，本书按照年份进行了描述性统计（见表4-2），家庭储蓄率逐年递增，由2014年20.07%增长到2018年22.48%，家庭人口结构也发生变化，随着2015年二孩政策的全面放开以及人口老龄化深化，少儿抚养比和老人抚养比都呈逐年上升趋势，老人抚养比上升速度较快，2014—2018年老人抚养比增长率高达23.4%。除了家庭人口年龄结构，本书统计了死亡率，这在一定程度上代表了医疗水平，死亡率越低，成年人生存到下一期的概率越大，预期寿命越长，统计结果显示死亡率逐年下降。生育政策是中国家庭生育的关键，医疗技术进步和预期寿命延长使人口老龄化速度加快，少儿和老年人是重要的家庭成员，是教育、养老、医疗等家庭重大消费支出的对象，对家庭消费和储蓄规划有重要影响，因此，从家庭人口结构切入，研究家庭储蓄的影响因素具有重要意义。

表4-2　　　　　　　2014—2018年家庭储蓄率和人口结构变化

指标	2014 年	2016 年	2018 年
储蓄率（%）	20.07	20.14	22.48
少儿抚养比（%）	21.88	24.02	25.49
老人抚养比（%）	22.66	25.01	27.97
死亡率（‰）	6.38	6.24	6.20

资料来源：2014 年、2016 年、2018 年中国家庭追踪调查（CFPS）数据；国家统计局官网。

根据理论模型推导和经典文献研究，我们发现收入不平等是影响家庭储蓄的重要因素。基于2014—2018年家庭调查数据，本书描述统计了家庭收入不平等的变化趋势（见表4-3）。

表 4 - 3　　　　　　　　　　中国家庭储蓄的不均匀分配

收入水平	CFPS2014		CFPS2016		CFPS2018	
	储蓄率	储蓄份额	储蓄率	储蓄份额	储蓄率	储蓄份额
收入前 1%	0.383	0.121	0.356	0.105	0.456	0.140
收入前 5%	0.380	0.252	0.368	0.295	0.428	0.280
收入前 10%	0.345	0.407	0.355	0.406	0.395	0.436
收入前 25%	0.303	0.685	0.327	0.685	0.345	0.694
收入前 50%	0.283	0.876	0.295	0.915	0.310	0.886
收入后 50%	0.117	0.124	0.091	0.085	0.139	0.114
家庭储蓄率	0.2007		0.2014		0.2247	

资料来源：2014 年、2016 年、2018 年中国家庭追踪调查（CFPS）数据。

表 4 - 3 分别描述统计了收入前 1%、前 5%、前 10%、前 25%、前 50% 和后 50% 家庭储蓄率和储蓄占比份额。纵向来看，随着家庭收入水平的下降，家庭储蓄率降低，收入前 1% 的家庭储蓄率明显高于其他家庭，并且储蓄份额所占比重超过 10%，2018 年收入前 1% 的家庭储蓄份额占比达 14%，这一定程度上体现了收入不平等。横向来看，收入前 10% 的家庭储蓄率逐年增加，储蓄份额占比均在 40% 以上，2018 年储蓄份额增长较快，达到 43.6%，收入后 50% 的家庭储蓄率和储蓄份额较低，均在 10% 左右。通过比较不同收入家庭的储蓄率和储蓄份额可得，中国家庭存在明显的收入不平等问题，并且收入不平等有不断扩大的趋势，家庭储蓄水平随着收入不平等的扩大而上升。因此，研究中国家庭储蓄时，收入不平等是不可忽视的重要因素。

4.2.2　家庭人口结构对储蓄的影响分析

1. 基础回归分析

家庭人口结构涉及人口年龄结构、预期寿命、性别结构等，对家庭储蓄和消费支出产生重要影响。本书以家庭人口年龄结构为切入点，探讨家庭储蓄的影响因素及变化特点，在理论模型的基础上，借鉴汪伟和艾春荣（2015），构建以下回归模型：

$$saving\_rate_{it} = \beta_0 + \beta_1 young_{it} + \beta_2 old_{it} + \beta_3 X_{it} + \mu_i + \varepsilon_{it} \quad (4-1)$$

式（4-1）中，i 是家庭，t 表示时间，μ_i 表示不随时间变化不可观测的固定效应，ε_{it} 是随机扰动项。公式中被解释变量是家庭储蓄率（saving_rate），主要的解释变量是少儿抚养比（young）和老人抚养比（old、old60），即 1～14 岁少儿人口占劳动人口的比重、65 岁以上和 60 岁以上老年人口占劳动人口的比重。[①] X 是一组影响家庭储蓄的控制变量，参考研究居民储蓄水平的相关文献，回归模型中加入了家庭特征变量（家庭收入）、户主特征变量（户主的受教育年限、工作、性别、户口、年龄、婚姻和健康）和地区特征变量（地区人均生产总值）等控制变量。考虑到家庭微观追踪调查数据的数据量大，主要解释变量和被解释变量变化幅度和方差较小，三年连续追踪采访调查的家庭样本较少，因此，本书参考甘犁等（2018）的实证方法，对回归模型的省份、年份固定效应进行了控制。采用随机效应模型，考虑到异方差，本书所有实证结果都作了稳健标准误估计。回归结果如表4-4所示。

表4-4 家庭人口结构对储蓄的影响

参数	（1）saving_rate	（2）saving_rate	（3）saving_rate	（4）saving_rate	（5）saving_rate
young	-0.023*** (0.006)			-0.023*** (0.006)	-0.023*** (0.006)
old		0.014*** (0.005)		0.013*** (0.005)	
old60			0.019*** (0.005)		0.019*** (0.005)
lnincome	0.137*** (0.003)	0.137*** (0.003)	0.139*** (0.003)	0.138*** (0.003)	0.139*** (0.003)
education	-0.002*** (0.001)	-0.002*** (0.001)	-0.002*** (0.001)	-0.002*** (0.001)	-0.002*** (0.001)

① 国际上认定少儿抚养比为 1～14 岁少儿占劳动人口的比重，老人抚养比是 65 岁以上老年人占劳动人口的比重，除此之外，本书还定义了 60 岁以上老年人占劳动人口比重（old60）以衡量人口老龄化。

参数	（1）	（2）	（3）	（4）	（5）
	saving_rate	saving_rate	saving_rate	saving_rate	saving_rate
work	0.025 ***	0.029 ***	0.030 ***	0.027 ***	0.028 ***
	（0.006）	（0.006）	（0.006）	（0.006）	（0.006）
gender	− 0.002	− 0.002	− 0.003	− 0.003	− 0.003
	（0.005）	（0.005）	（0.005）	（0.005）	（0.005）
hukou	− 0.051 ***	− 0.050 ***	− 0.051 ***	− 0.052 ***	− 0.052 ***
	（0.005）	（0.005）	（0.005）	（0.005）	（0.005）
age	0.000	0.000	0.000	0.000	− 0.000
	（0.000）	（0.000）	（0.000）	（0.000）	（0.000）
marriage	− 0.042 ***	− 0.047 ***	− 0.047 ***	− 0.043 ***	− 0.044 ***
	（0.007）	（0.007）	（0.007）	（0.007）	（0.007）
health	0.022 ***	0.022 ***	0.021 ***	0.021 ***	0.021 ***
	（0.002）	（0.002）	（0.002）	（0.002）	（0.002）
lnpgdp	− 0.006	− 0.006	− 0.007	− 0.007	− 0.009
	（0.006）	（0.006）	（0.006）	（0.006）	（0.006）
省级固定效应	是	是	是	是	是
时间固定效应	是	是	是	是	是
常数项	− 1.798	− 0.920	− 0.764	− 1.377	− 1.274
	（2.510）	（2.503）	（2.506）	（2.514）	（2.511）
观测值	29386	29624	29386	29386	29386

注：括号内为稳健标准误，*** 、** 和 * 分别表示在1%、5%和10%水平上显著。

实证结果中第（1）到第（3）列分析了少儿抚养比、老人抚养比对家庭储蓄率的影响，由回归结果可得，少儿抚养比上升显著地降低家庭储蓄率，这符合"生命周期"效应，老人抚养比上升使家庭储蓄率显著提高，这符合"预防性储蓄"效应。第（4）到第（5）列将少儿抚养比和老人抚养比都放入回归模型中，可得出少儿抚养比与家庭储蓄率负相关、老人抚养比与家庭储蓄率正相关的稳健结论。近年来，随着2015年二孩政策全面放开，少儿抚养比逐年上升，家庭少儿的育儿、教育支出明显增加，从而降低了家庭储蓄率；中国人口老龄化程度不断加深，目前处于老龄化快速增长的初级阶段，随着预期寿命延长，老年人用于未来养老和医疗的预防性储蓄增加，因此，家庭储蓄随着老人抚养比上升而增加。

2. 机制分析

具体地，为什么少儿抚养比对家庭储蓄有显著负影响，而老人抚养比对储蓄有显著正影响？为了探究人口年龄结构影响家庭储蓄的具体机制，本节加入少儿和老人的重大支出，实证检验了少儿抚养比和老人抚养比对家庭储蓄率的影响机制（见表4－5）。

表4－5　　　　　　　　　家庭人口结构影响储蓄的机制分析

参数	（1） saving_rate	（2） saving_rate	（3） saving_rate	（4） saving_rate	（5） saving_rate	（6） saving_rate
young	-0.023 *** （0.006）	-0.011 （0.007）				
lneducost		-0.058 *** （0.003）				
old			0.014 *** （0.005）	0.024 *** （0.005）	0.005 （0.013）	-0.015 *** （0.005）
lnmedcost				-0.053 *** （0.002）		-0.037 *** （0.002）
lnbaocost					-0.032 *** （0.005）	
life100						0.565 *** （0.170）
控制变量	是	是	是	是	是	是
省级固定效应	是	是	是	是	是	是
时间固定效应	是	是	是	是	是	是
常数项	-1.798 （2.510）	-4.895 （3.431）	-0.907 （2.503）	-6.702 ** （2.671）	-2.911 （6.344）	-15.755 *** （2.995）
观测值	29386	15020	29624	26120	4310	26269

注：括号内为稳健标准误，*** 、** 和 * 分别表示在1%、5%和10%水平上显著。

表4-5的回归结果中，第（1）列是基准回归，少儿抚养比上升会显著降低家庭储蓄率，第（2）列加入家庭教育支出变量，家庭教育支出增加使家庭储蓄率显著下降，由此可见，教育支出增加是少儿抚养比对储蓄负影响的主要原因。中国父母历来重视孩子教育，大多数父母秉承着"再苦不能苦孩子，再穷不能穷教育"的理念，认为家庭教育支出弹性较小。虽然九年义务教育减少了少儿上学支出，但是课外辅导、兴趣培养等教育支出仍是家庭重大支出。据《中国辅导教育行业及辅导机构教师现状调查报告》统计，2016年参加课外辅导的中小学生超过1.37亿人，育儿投资越来越低龄化，2021年"双减"政策提出后，家庭育儿的兴趣辅导班支出却明显增加。① 因此，随着生育政策放开，家庭子女数量增加、育儿支出增加，家庭储蓄水平下降，少儿抚养比对家庭储蓄影响的"生命周期"效应更大。

回归结果中第（3）到第（6）列分析了老人抚养比对家庭储蓄的影响机制。第（3）列是基准回归，老人抚养比上升使家庭储蓄增加。第（4）到第（5）列分别加入了家庭医疗支出和保健支出变量，由回归结果可知，家庭储蓄率随着医疗支出增加而下降，家庭保健支出增加也使家庭储蓄率下降。第（6）列加入了预期寿命变量，预期寿命延长使家庭储蓄率显著上升，老人抚养比对储蓄率的影响系数由正转负。② 由此可得，老人抚养比对储蓄的影响机制主要是医疗、保健支出和预期寿命，老年人口增加，医疗保健支出相应增加，家庭储蓄减少，这体现了老人抚养比影响储蓄的"生命周期"效应；同时，老年人口增加，预期寿命延长，未来养老、医疗需求增加，预防性储蓄增加，这体现了老人抚养比影响储蓄的"预防性储蓄"效应。根据基准回归可知，目前中国老人抚养比对家庭储蓄的影响主要是"预防性储蓄"效应，这与我国医疗、社会保障不完善，人口老龄化处于快速发展的初级阶段国情相符。回归结果验证了第三章提出的假设1，少儿抚养比和老人抚养比对家庭储蓄率有显著影响。

---

① "双减"指要有效减轻义务教育阶段学生过重作业负担和校外培训负担。
② 为方便实证分析，本书将预期寿命变量除以100，记为 *life*100。

3. 异质性检验

（1）城乡异质性。中国幅员辽阔且人口众多，经济发展不均衡和不充分，城乡二元结构和区域差异明显，这不仅表现在经济发展水平上，还表现在家庭人口结构和储蓄上。因此，本书从城乡二元结构入手，探究城镇和农村家庭人口结构对储蓄影响的异质性，回归结果如表4-6所示。

表4-6　　　　　　　家庭人口结构对储蓄影响的城乡异质性分析

参数	（1）城镇	（2）农村	（3）城镇	（4）农村
	saving_rate	saving_rate	saving_rate	saving_rate
young	-0.017**	-0.025***		
	(0.008)	(0.009)		
old	0.008	0.019**	0.020***	0.029***
	(0.007)	(0.008)	(0.007)	(0.008)
lnmedbao			-0.048***	-0.060***
			(0.003)	(0.003)
控制变量	是	是	是	是
省级固定效应	是	是	是	是
时间固定效应	是	是	是	是
常数项	-0.516	-2.997	-7.192**	-7.349*
	(3.327)	(3.868)	(3.509)	(4.049)
观测值	14817	14171	13165	13022

注：括号内为稳健标准误，***、**和*分别表示在1%、5%和10%水平上显著。

表4-6中第（1）到第（2）列是城镇和农村少儿抚养比和老人抚养比对家庭储蓄率的回归检验，由回归结果可知，农村地区家庭人口年龄结构对储蓄率的影响更大，这与数字化教育普及、网络课程进入农村、农村社会医疗保障相对较弱的事实相关，同时也验证了表4-5中的传导机制。城镇地区老人抚养比对储蓄影响不显著，在表4-6第（3）到第（4）列中，将老人的医疗保健支出变量加入模型，检验医疗保健支出对

城乡家庭储蓄的影响，农村地区医疗保健支出对储蓄的负向影响更大。[①]

（2）收入异质性。经济发展不均衡和不充分表现为家庭收入差距扩大，收入阶层不同的家庭的消费支出、储蓄率等有明显的异质性。因此，本书基于三年追踪调查数据，将家庭按照收入分成五等份组，取收入最高组和收入最低组进行异质性分析，回归结果如表4-7所示。[②]

表4-7中由第（1）到第（2）列可知，低收入组家庭人口年龄结构对储蓄率的影响更大且更显著，少儿和老年人的教育、养老支出都属于家庭重大支出，在收入约束较强的低收入家庭中，人口年龄结构对储蓄的影响更显著。针对不同影响机制，第（3）到第（6）列分别检验了少儿教育支出和老年人医疗保健支出对家庭储蓄率的影响，第（3）到第（4）列检验了不同收入家庭少儿教育支出对储蓄率影响的异质性，由回归结果可知，低收入家庭教育支出对家庭储蓄率的负向影响更大；第（5）到第（6）列比较了不同收入家庭老年人医疗保健支出对家庭储蓄率的影响，低收入家庭医疗保健支出增加使家庭储蓄率下降的幅度更大，异质性检验结果与上文得出的结论一致。

表4-7　　　　家庭人口结构对储蓄影响的收入异质性分析

参数	（1）高收入	（2）低收入	（3）高收入	（4）低收入	（5）高收入	（6）低收入
	saving_rate	saving_rate	saving_rate	saving_rate	saving_rate	saving_rate
young	0.008	-0.039**	0.002	-0.016		
	(0.011)	(0.016)	(0.013)	(0.022)		
old	0.019*	0.028***			0.031***	0.030***
	(0.011)	(0.010)			(0.011)	(0.010)
lneducost			0.038***	-0.089***		
			(0.004)	(0.008)		

[①]　家庭医疗保健支出指家庭医疗支出和家庭保健支出之和。

[②]　2014年家庭收入超过70000元为高收入组，家庭收入低于18000元为低收入组；2016年家庭收入超过80000元为高收入组，低于20000元为低收入组；2018年家庭收入高于96000元为高收入组，低于20000元为低收入组。

续表

参数	（1）高收入	（2）低收入	（3）高收入	（4）低收入	（5）高收入	（6）低收入
	saving_rate	*saving_rate*	*saving_rate*	*saving_rate*	*saving_rate*	*saving_rate*
lnmedbao					− 0. 035 ***	− 0. 076 ***
					（0. 004）	（0. 005）
控制变量	是	是	是	是	是	是
省级固定效应	是	是	是	是	是	是
时间固定效应	是	是	是	是	是	是
常数项	− 6. 154	− 6. 362	− 6. 248	− 31. 645 **	− 13. 314 ***	− 14. 998 **
	（5. 003）	（7. 480）	（6. 164）	（14. 294）	（5. 159）	（7. 821）
观测值	6583	6283	3956	2220	6023	5687

注：括号内为稳健标准误，***、**和*分别表示在1%、5%和10%水平上显著。

4. 稳健性和内生性检验

（1）稳健性检验。为了验证实证结果的稳健性，本书选取了与人口年龄结构相关的解释变量进行稳健性检验，包括18岁以下少儿抚养比（*young*18）、少儿人口占家庭成员的比重（*young_rate*）、65岁以上老年人口占家庭成员的比重（*old_rate*）、60岁以上老年人口占家庭成员的比重（*old60_rate*）。国际上少儿抚养比是14岁以下少儿人口占劳动人口的比重，考虑到中国家庭文化背景，大部分少儿在成年之前没有收入来源，父母养育子女至少到18岁，因此，本书选择了18岁以下少儿抚养比作为解释变量进行稳健性分析。此外，少儿人口占比和老年人口占比也体现了家庭人口年龄结构变化。回归结果如表4-8所示。

表4-8　　　　　家庭人口结构对储蓄影响的稳健性检验

参数	（1）*saving_rate*	（2）*saving_rate*	（3）*saving_rate*	（4）*saving_rate*	（5）*saving_rate*
*young*18	− 0. 030 ***				
	（0. 005）				
young_rate		− 0. 044 ***			− 0. 041 ***
		（0. 013）			（0. 013）

参数	（1）	（2）	（3）	（4）	（5）
	saving_rate	saving_rate	saving_rate	saving_rate	saving_rate
old_rate			0.034 ***		0.032 ***
			（0.009）		（0.009）
old60_rate				0.041 ***	
				（0.009）	
控制变量	是	是	是	是	是
省级固定效应	是	是	是	是	是
时间固定效应	是	是	是	是	是
常数项	－1.902	－1.912	－1.008	－1.030	－1.313
	（2.510）	（2.461）	（2.464）	（2.461）	（2.466）
观测值	29361	30661	30661	30661	30661

注：括号内为稳健标准误，***、** 和 * 分别表示在 1%、5% 和 10% 水平上显著。

表 4－8 中第（1）列是 18 岁以下少儿抚养比对家庭储蓄的影响，第（2）列是 14 岁以下少儿人口占比对家庭储蓄的影响，第（3）列是 65 岁以上老年人口占比对家庭储蓄的影响，第（4）列是 60 岁以上老年人口占比对家庭储蓄的影响，第（5）列是少儿人口占比和老年人口占比对家庭储蓄的影响。回归结果显示，少儿抚养比、少儿人口占比对储蓄有显著负影响，而老人抚养比和老年人口占比对家庭储蓄有显著正影响，验证了基准回归中少儿人口对储蓄的"生命周期"效应与老年人口对储蓄的"预防性储蓄"效应，检验了实证结果的稳健性。

（2）内生性问题及解决。通常遗漏解释变量、测量误差和反向因果是引起内生性问题的主要原因。本书在实证检验中控制了时间和省份固定效应，尽量减少不可观测的遗漏变量导致回归结果偏误。同时，家庭人口结构可能内生于家庭储蓄率，存在反向因果，考虑到中国国情，2015 年二孩政策全面放开，少儿人口主要受生育政策的影响，家庭育儿支出和养老医疗支出弹性较小，少儿和老年人是影响家庭消费储蓄决策的重要变量，因此，从人口结构影响储蓄的角度来看，反向因果的内生性问题不影响主回归结果。

为了解决回归模型中可能存在的内生性问题，本书选取了少儿抚养比和老人抚养比的工具变量进行检验。中国家庭生育的数量与生育政策、生育观念紧密相关，2013 年实行单独二孩政策，2015 年实施普遍二孩政策，随着生育政策放松，家庭少儿抚养比逐年递增。在生育政策宽松的背景下，家庭生育性别及数量容易受到传统生育文化的影响，中国相当一部分家庭有生育男孩的偏好，2010 年人口普查数据显示，人口性别比为 105.20（女性 = 100）。父母意愿生育几个男孩在一定程度上决定了家庭生育的数量，由于子女性别不能选择，相当一部分想要男孩的家庭会选择一直生育，直到生育男孩为止，因此，父母意愿生育男孩的数量越多，孩子的数量越多，且意愿生育男孩的数量与当期家庭储蓄水平无关，满足工具变量的假定。回归结果如表 4 - 9 所示，其中第（1）列是基准回归，少儿抚养比与家庭储蓄率显著负相关，第（2）列是少儿抚养比的工具变量（家庭愿意生育男孩的数量）对家庭储蓄率的回归检验，工具变量检验采用了两阶段最小二乘估计，回归结果显著为负，说明少儿抚养比对家庭储蓄有显著负影响。①

表 4 - 9　　　　　　　家庭人口结构对储蓄的影响：工具变量法

参数	（1）	（2）	（3）	（4）	（5）	（6）	（7）
	saving_rate	saving_rate	saving_rate	saving_rate	saving_rate	saving_rate	saving_rate
young	-0.023 ***						
	(0.006)						
ivyoung		-0.228 **					
		(0.101)					
old			0.014 ***				
			(0.005)				
ivold				0.335 ***	0.287 **	0.297 ***	0.276 ***
				(0.123)	(0.115)	(0.102)	(0.108)

① 由于数据的可得性，家庭追踪调查数据中只有 2018 年数据有"意愿生育男孩数量"的变量，因此本书少儿抚养比工具变量检验采用 2018 年截面数据。短时间内人口年龄结构和生育文化几乎是常量，变化很小，因而工具变量的选取和回归具有代表性和科学性。

参数	（1）	（2）	（3）	（4）	（5）	（6）	（7）
	saving_rate	*saving_rate*	*saving_rate*	*saving_rate*	*saving_rate*	*saving_rate*	*saving_rate*
控制变量	是	是	是	是	是	是	是
时间固定效应	是	否	是	是	是	是	是
省份固定效应	是	是	是	是	是	是	是
观测值数	29386	8556	29624	29323	29323	29624	29624
第一阶段 F 值	—	67.71	—	33.51	—	46.46	—

注：（1）括号内为稳健标准误，***、** 和 * 分别表示在1%、5%和10%水平上显著；

（2）两阶段最小二乘估计中，通过稳健标准误拟合后的第一阶段估计 F 值大于10，拒绝弱工具变量的假设。

老人抚养比的工具变量检验中，本书选用同一县城除调查家庭以外其他家庭老人抚养比的平均值以及同一省份老人抚养比的平均值作为工具变量。由于居住在同一地区的老年人寿命、生活习俗等具有相似性，同一地区老人抚养比的均值与家庭老人抚养比相关，但与家庭储蓄率无关，满足工具变量的假设。回归结果如表 4 - 9 所示，第（3）列是基准回归，老人抚养比对家庭储蓄率有显著正影响。在选择工具变量的估计方法时，第（4）和第（6）列采用了两阶段最小二乘估计，第（5）和第（7）列采用了面板工具变量法估计；选取老人抚养比的工具变量时，第（4）到第（5）列工具变量为同县城除调查家庭外其他家庭老人抚养比的均值，第（6）到第（7）列工具变量是同省份老人抚养比的均值，估计结果表明，老人抚养比上升会显著提高家庭储蓄率。工具变量估计结果具有一致性，回归系数均大于主回归系数，基准回归低估了人口年龄结构对家庭储蓄的影响，工具变量估计进一步验证了回归结果的稳健性。

家庭人口结构是影响家庭储蓄的重要因素，少儿人口和老年人口如何影响储蓄，以及"生命周期"效应和"预防性储蓄"效应孰大孰小，一直都是具有争议的话题。本节从少儿抚养比和老人抚养比入手，研究新时代背景下中国家庭人口年龄结构对储蓄率的影响及机制，探究了少儿抚养比对家庭储蓄的负效应和老人抚养比对储蓄的正效应，并厘清了少儿教育支出增加是家庭储蓄减少的主要原因，老年人医疗保健支出增加使储蓄减少，但是预期寿命延长使预防性储蓄大幅增加，最终表现为老人抚养比上升使家庭储蓄增加。农村地区、低收入家庭教育支出和医疗保健支出增加使家庭储蓄显著减少，这与克服教育数字鸿沟、医疗养老保障不完善的国情有关。一系列的稳健性和内生性检验均验证了回归结果的可信性，由此，本节得出结论：少儿抚养比和老人抚养比对家庭储蓄率有显著的影响，家庭人口结构是影响储蓄的重要因素。

4.2.3　收入不平等与代际帮助对储蓄的影响分析

根据理论推导和上文实证检验可知，家庭人口年龄结构显著地影响储蓄，除此之外，收入不平等和代际财产继承也是影响储蓄率的重要因素。中国经济高速增长，伴随着居民可支配收入增加，家庭收入差距也日益扩大，国家统计局数据显示，2000年以来中国基尼系数一直高于国际警戒线水平（0.4），2008年基尼系数达到最大值为0.491。学术界有不同衡量收入不平等的指标方法，如泰尔系数、城乡收入比、微观调查数据统计等，但总体来说，由于经济发展的不平衡和不充分，中国居民收入不平等加剧。中国有着五千年悠久的历史文化，家庭文化观念代代相传，其中包括代际帮助和财产继承，无论是父母对子女的经济帮助，还是子代照顾或情感照顾，对家庭储蓄都有很大影响。因此，本小节实证检验收入不平等和代际帮助对家庭储蓄的影响。

1. 基准回归

根据第三章的理论模型可知，收入不平等加剧会使储蓄增加，高收入家庭的边际储蓄倾向大于低收入家庭，因此，收入差距扩大会提高储蓄率。为了探讨中国家庭储蓄的影响因素，本书选择前10%家庭收入占比变量作为衡量收入不平等的指标，为了检验变量的科学性，比较了解释变量与国家统计局公布的基尼系数（见表4-10）。总体而言，2014—2018年基尼系数增加，居民收入差距扩大，选用前10%家庭收入占比衡量的收入差距也有所扩大，因此，前10%家庭收入占比在一定程度上可以解释中国家庭收入不平等的问题。

表 4 - 10　　　　　　　　　　2014—2016 年中国收入不平等

指标	2014 年	2016 年	2018 年
前 10% 家庭收入占比	0.255	0.270	0.281
基尼系数	0.469	0.465	0.474

资料来源：国家统计局官网，中国家庭追踪调查数据库。

　　本书参考了 Dynan et al.（2004）和甘犁等（2018），回归模型设定如下：

$$saving\_rate_{it} = \alpha_0 + \alpha_1 \, high\_10_{it} + \alpha_2 \, X_{it} + \mu_i + \varepsilon_{it} \qquad （4 - 2）$$

式（4 - 2）中，i 是家庭，t 表示时间，μ_i 表示不随时间变化不可观测的固定效应，ε_{it} 是随机扰动项。被解释变量是家庭储蓄率（$saving\_rate$），解释变量是衡量收入不平等的变量，即收入前 10% 家庭占省份收入的比重（$high\_10_{it}$）。X 是一组影响家庭储蓄的控制变量，参考研究居民储蓄水平的相关文献，回归模型中加入了家庭特征变量（家庭收入、少儿抚养比、老人抚养比）、户主特征变量（户主的受教育年限、工作、性别、户口、年龄、婚姻和健康）和地区特征变量（地区人均生产总值）等控制变量。回归方法与上文一致，检验结果如表 4 - 11 所示。

表 4 - 11　　　　　　　　　收入不平等对家庭储蓄率的影响

参数	（1）	（2）	（3）	（4）
	saving_rate	saving_rate	saving_rate	saving_rate
high_10	0.322 ***	0.324 ***	0.310 ***	0.326 ***
	（0.088）	（0.089）	（0.089）	（0.089）
young		- 0.024 ***		- 0.024 ***
		（0.006）		（0.006）
old			0.013 ***	0.013 ***
			（0.005）	（0.005）
lnincome	0.136 ***	0.138 ***	0.138 ***	0.139 ***
	（0.003）	（0.003）	（0.003）	（0.003）
education	- 0.002 ***	- 0.002 ***	- 0.002 ***	- 0.002 ***
	（0.001）	（0.001）	（0.001）	（0.001）

参数	（1）	（2）	（3）	（4）
	saving_rate	saving_rate	saving_rate	saving_rate
work	0.023 ***	0.024 ***	0.028 ***	0.026 ***
	（0.006）	（0.006）	（0.006）	（0.006）
gender	− 0.000	− 0.003	− 0.002	− 0.003
	（0.005）	（0.005）	（0.005）	（0.005）
hukou	− 0.049 ***	− 0.050 ***	− 0.049 ***	− 0.051 ***
	（0.005）	（0.006）	（0.005）	（0.006）
lnpgdp	− 0.006	− 0.007	− 0.007	− 0.008
	（0.006）	（0.006）	（0.006）	（0.006）
age	0.001 ***	0.000	0.000	0.000
	（0.000）	（0.000）	（0.000）	（0.000）
marriage	− 0.054 ***	− 0.042 ***	− 0.047 ***	− 0.043 ***
	（0.006）	（0.007）	（0.007）	（0.007）
health	0.023 ***	0.022 ***	0.022 ***	0.022 ***
	（0.002）	（0.002）	（0.002）	（0.002）
时间固定效应	是	是	是	是
省份固定效应	是	是	是	是
观测值	30576	29302	29540	29302

注：括号内为稳健标准误，*** 、** 和 * 分别表示在 1% 、5% 和 10% 水平上显著。

第（1）列回归检验了收入不平等对家庭储蓄的影响，根据回归结果可得，前 10% 收入占比越大，即收入差距越大，家庭储蓄率越高，这与理论模型推导一致。第（2）到第（4）列在检验收入差距对家庭储蓄的影响时，分别加入了家庭人口年龄结构变量，第（2）列加入了少儿抚养比，第（3）列加入了老人抚养比，第（4）列同时加入了少儿抚养比和老人抚养比。由检验结果可知，收入差距扩大使家庭储蓄增加，少儿抚养比与家庭储蓄率显著负相关，老人抚养比与储蓄率显著正相关，回归结果稳健，并验证了人口结构影响家庭储蓄率的结论。由此可见，收入不平等和家庭人口结构都是影响家庭储蓄的重要影响因素，验证了第三章提出的假设 2。

2. 异质性检验

（1）收入分组异质性检验。收入不平等体现为居民收入跨度较大，因此，为了更好地检验收入不平等对家庭储蓄的影响，以及不同收入家庭的异质性，本书参考文献和国际惯例做法，对收入进行分组回归，回归模型如下：

$$saving\_rate_i = \alpha_0 + \alpha_1 D_i + \alpha_3 X_i + \varepsilon_i \qquad (4-3)$$

式（4-3）中，i 是家庭，ε_i 是随机扰动项。被解释变量是家庭储蓄（$saving\_rate$），解释变量 D_i 是一组虚拟变量，本书根据收入高低分为五等份组：高等收入组、中高收入组、中等收入组、中低收入组和低等收入组。若家庭收入属于该组，则取值为 1，否则取值为 0，虚拟变量代表了不同收入阶层，体现了组间异质性。X 是一组影响家庭储蓄的控制变量，参考研究居民储蓄水平的相关文献，回归模型中加入了家庭特征变量（家庭收入、少儿抚养比和老人抚养比）、户主特征变量（户主的受教育年限、工作、性别、户口、年龄、婚姻和健康）和地区特征变量（地区人均生产总值）等控制变量，回归结果如表 4-12 所示。

表 4-12　　　　　不同收入组家庭对储蓄影响的异质性分析

被解释变量：	2014 年		2016 年		2018 年	
家庭储蓄率	（1）	（2）	（3）	（4）	（5）	（6）
低收入组	-0.083 ***	-0.090 ***	-0.053 **	-0.046 *	-0.067 ***	-0.084 ***
	(0.023)	(0.024)	(0.022)	(0.024)	(0.024)	(0.025)
中低收入组	0.083 ***	0.090 ***	0.053 **	0.046 *	0.067 ***	0.084 ***
	(0.023)	(0.024)	(0.022)	(0.024)	(0.024)	(0.025)
中收入组	0.117 ***	0.126 ***	0.089 ***	0.068 **	0.102 ***	0.127 ***
	(0.029)	(0.032)	(0.026)	(0.030)	(0.033)	(0.037)
中高收入组	0.137 ***	0.150 ***	0.092 ***	0.060	0.104 **	0.134 ***
	(0.037)	(0.041)	(0.034)	(0.040)	(-0.041)	(0.045)
高收入组	0.082 *	0.089 ***	0.096 ***	0.068 *	0.065	0.083 *
	(0.042)	(0.046)	(0.037)	(0.042)	(-0.043)	(0.046)
少儿抚养比		-0.023 *		-0.034 ***		-0.012
		(0.012)		(0.010)		(0.009)

续表

被解释变量：	2014 年		2016 年		2018 年	
家庭储蓄率	（1）	（2）	（3）	（4）	（5）	（6）
老人抚养比		0.019 **		0.020 **		0.002
		（0.009）		（0.008）		（0.008）
其他控制变量	是	是	是	是	是	是
省份固定效应	是	是	是	是	是	是
观测值	9827	9501	10601	10134	10233	9751

注：括号内为稳健标准误，*** 、** 和 * 分别表示在1%、5%和10%水平上显著。

表4-12选用了 CFPS 2014 年、2016 年、2018 年样本数据，估计了不同收入组的家庭储蓄差异，第（1）、第（3）、第（5）列报告了没有控制家庭人口结构的结果，第（2）、第（4）、第（6）列报告了控制少儿抚养比和老人抚养比的回归结果。根据回归结果可得，低收入家庭储蓄率最低，甚至为负，随着收入增加，家庭储蓄率不断上升，2014 年和2018 年中高收入家庭的储蓄率最高，这可能与高等收入家庭投资多样化有关，高收入人群更善于投资理财。2018 年家庭储蓄率从低收入组的-6.7%增长到高收入组的6.5%。同时，少儿抚养比和老人抚养比在模型中也显著影响家庭储蓄率，少儿抚养比上升使家庭储蓄率下降，老人抚养比上升使家庭储蓄率上升。家庭收入异质性检验结果验证了收入不平等和人口结构对家庭储蓄的影响。

（2）城乡及区域异质性检验。中国地域辽阔，经济发展不平衡不充分，呈现出明显的城乡二元化和区域差异特征，本书检验了城乡和不同区域间收入不平等对家庭储蓄率的影响（见表4-13）。

表4-13　　收入不平等对储蓄影响的城乡和区域异质性分析

参数	（1）城镇	（2）农村	（3）东北地区	（4）东部地区	（5）中部地区	（6）西部地区
	saving_rate	saving_rate	saving_rate	saving_rate	saving_rate	saving_rate
high_10	0.247 **	0.497 ***	0.365 *	0.472 **	-0.446	0.921 ***
	（0.117）	（0.142）	（0.190）	（0.204）	（0.286）	（0.298）

续表

参数	（1） 城镇	（2） 农村	（3） 东北地区	（4） 东部地区	（5） 中部地区	（6） 西部地区
	saving_rate	*saving_rate*	*saving_rate*	*saving_rate*	*saving_rate*	*saving_rate*
young	− 0.018 **	− 0.026 ***	− 0.073 ***	− 0.037 ***	− 0.014	− 0.013
	（0.008）	（0.009）	（0.021）	（0.009）	（0.011）	（0.019）
old	0.008	0.019 **	0.001	0.020 **	0.016	0.007
	（0.007）	（0.008）	（0.011）	（0.008）	（0.010）	（0.016）
控制变量	是	是	是	是	是	是
时间固定效应	是	否	是	是	是	是
省份固定效应	是	是	是	是	是	是
常数项	2.377	3.280	− 17.867 *	− 8.365	− 5.280	− 5.483
	（3.536）	（4.283）	（9.528）	（5.705）	（8.933）	（11.139）
观测值	14755	14157	4717	9606	7745	3916

注：括号内为稳健标准误，﹡﹡﹡、﹡﹡和﹡分别表示在1%、5%和10%水平上显著。

回归结果中，第（1）到第（2）列显示了城镇和农村前10%家庭收入占比对家庭储蓄的影响，收入差距扩大使家庭储蓄增加，其中农村地区家庭收入不平等对家庭储蓄率的影响更大。根据描述性统计可知，城镇家庭前10%收入占比均值为26.55%，农村家庭收入不平等更明显，前10%收入占比为27.16%，因此，农村地区收入不平等促进储蓄积累的效应更大。第（3）到第（6）列是区域异质性检验，按照经济概念将中国划分为东北地区、东部地区、中部地区和西部地区。[①] 回归结果可知，东北地区、东部地区和西部地区收入不平等加剧使家庭储蓄增加，并且西部地区的影响最大、最显著。这与西部地区的收入不平等程度有关，在四个区域内，西部地区收入不平等程度最高，前10%家庭收入占比最大为29.6%，收入差距越大，对家庭储蓄率的影响越大。

---

① 东北地区：黑龙江、吉林、辽宁；东部地区：北京、天津、上海、河北、山东、江苏、浙江、福建、广东；中部地区：湖南、湖北、河南、山西、安徽、江西；西部地区：陕西、甘肃、四川、贵州、云南、重庆、广西。

3. 稳健性和内生性检验

针对以上实证结果，本书作了相关的稳健性和内生性检验。收入不平等对家庭储蓄率的影响可能存在内生性问题，但是由于工具变量难以获得，调查数据可能存在缺陷，因此，本书采用以下方法解决内生性和稳健性。

（1）由当期收入计算的储蓄率作为解释变量可能存在内生性，根据弗里德曼的持久收入假说，家庭消费不仅取决于当期收入，还取决于预期的长期收入，因此，本书采用三年收入面板数据取均值构建永久收入，回归结果如表4-14第（1）列所示，收入不平等和家庭人口结构对家庭储蓄率影响稳健。

（2）根据甘犁等（2018）和Haider & Solon（2006）的文献发现，三四十岁的消费者当期收入与永久收入相似，因此选择30~45岁的户主子样本进行检验，回归结果见第（2）列，回归结果依旧稳健。

（3）调查样本中有接近三分之一的家庭储蓄率为负，因此，将储蓄率视为有序变量，生成家庭是否有储蓄变量（prosaving，1 = 是，0 = 否）；选用Ordered Probit和Ordered Logit模型回归，回归结果是第（3）到第（4）列；非线性模型估计显示，收入不平等扩大会使家庭储蓄率显著增加。

（4）稳健性检验中，选用了户主年龄在60岁以上的家庭样本，回归结果见第（5）列，可见收入不平等对家庭储蓄的正向影响在老年群体中同样适用。

表4-14　收入不平等对家庭储蓄影响的内生性和稳健性检验

参数	（1）	（2）	（3）	（4）	（5）
	saving_rate	*saving_rate*	*prosaving*	*prosaving*	*saving_rate*
high_10	0.245 ***	0.326 ***	1.314 ***	2.347 ***	0.462 **
	(0.091)	(0.089)	(0.415)	(0.767)	(0.180)
young	−0.022 ***	−0.024 ***	−0.031	−0.063	−0.060 ***
	(0.006)	(0.006)	(0.026)	(0.049)	(0.014)
old	0.009 *	0.013 ***	0.051 **	0.098 ***	0.009
	(0.005)	(0.005)	(0.021)	(0.038)	(0.007)
控制变量	是	是	是	是	是
时间固定效应	是	是	是	是	是

续表

参数	（1）	（2）	（3）	（4）	（5）
	saving_rate	*saving_rate*	*prosaving*	*prosaving*	*saving_rate*
省份固定效应	是	是	是	是	是
常数项	-7.499***	2.504	3.479	8.227	8.065
	(2.766)	(2.721)	(13.001)	(23.994)	(5.557)
观测值	29445	29302	29302	29302	7638

注：括号内为稳健标准误，***、** 和 * 分别表示在1%、5%和10%水平上显著。

4. 代际帮助与家庭储蓄

中国家庭储蓄、消费行为深受代际文化的影响，中国父母与西方不同，不会用其储蓄平滑一生消费，即使抚养子女具有经济独立的能力后，还是选择帮助子女。目前，中国家庭呈现孝道文化上行、"托举式"代际文化的新特征，这与20世纪70年代后中国实行严格的计划生育政策有关，独生子女容易得到父母更多关注和经济帮助，无论收入水平高低，大多数中国父母普遍具有为子女遗留财产的强烈动机。代际帮助和代际财产继承影响家庭储蓄率，一方面，代际帮助可以减少家庭费用支出，代际财产继承使家庭资产和收入直接增加；另一方面，代际财产继承尤其是房产继承，在一定程度上加剧了收入不平等，改变家庭边际储蓄倾向，提高家庭储蓄率。由于CFPS数据库中没有体现家庭财产继承的变量，为了验证提出的假设2，本书选用了代际帮助的虚拟变量：家庭父母是否帮助子女料理家务和照看孩子（*carechild*，1 = 帮助照看，0 = 不帮助）、父母是否给子女提供经济帮助（*parentshelp*，1 = 提供，0 = 不提供），回归结果如表4 – 15所示。

表4 – 15　　　　　　　　代际帮助对家庭储蓄的影响

参数	（1）	（2）	（3）	（4）	（5）	（6）
	saving_rate	*saving_rate*	*saving_rate*	*saving_rate*	*saving_rate*	*saving_rate*
carechild	0.048***	0.039**				
	(0.017)	(0.020)				
parentshelp			0.115*			
			(0.062)			

续表

参数	(1)	(2)	(3)	(4)	(5)	(6)
	saving_rate	saving_rate	saving_rate	saving_rate	saving_rate	saving_rate
helpcost				0.026* (0.015)		
ivcarechild					0.270*** (0.103)	
ivparhelp						0.529* (0.285)
控制变量	是	是	是	是	是	是
省份固定效应	是	是	是	是	是	是
观测值	4186	3162	1778	791		
第一阶段 F 值	—	—	—	—	124.97	17.07

注：（1）括号内为稳健标准误，***、**和*分别表示在1%、5%和10%水平上显著；

（2）两阶段最小二乘估计中，通过稳健标准误拟合后的第一阶段估计F值大于10，拒绝弱工具变量的假设。

第（1）列加入了60岁以上父母是否帮助子女料理家务和照看孩子的变量，由回归结果可知，父母帮助料理家务和照看孩子可以显著增加家庭储蓄。一方面，父母的帮助可以有效减少家庭雇佣保姆的费用；另一方面，年轻父母不用因为照看孩子放弃工作，尤其是女性上岗率提高使家庭储蓄增加。第（2）列检验了65岁以上父母是否帮助子女料理家务和照看孩子的变量，得到稳健性的结果，但是相对年轻的父母照看孩子，65岁以上父母照看孩子可以帮助年轻人有更多的时间参与工作，增加劳动时间，提高工作专注度，进而提高工作效率，甚至使年轻父母有时间去提高自身素质，积累人力资本，提高未来收入水平，由此家庭积累更多储蓄。这与家庭实际情况相符，一般55～65岁的中国父母有更多时间和精力帮助子女照看孩子。第（3）列在低收入家庭中加入了父母是否为子女提供经济帮助的变量，检验结果显示，父母对低收入子女的经济帮助会显著增加家庭储蓄。第（4）列中加入父母每月为子女提供经济帮助的金额（万元），父母的经济帮助使家庭储蓄率上升。代际帮助影响家庭储蓄的内生性检验中，第（5）和第（6）列分别采用父母与子女每月见面的天数和电话、邮件联系的次数作为工具变量，父母与子女的见面和联系频率与代际帮助相关，但是与家庭储蓄无直接关系，满足工具变量的设定。回归结果显示，父母的代际经济帮助会放松家庭预算约束，提高家庭储蓄率。回归结果验证了第三章提出的假设2。

4.3 本章小结

本章探究了家庭储蓄的影响因素，结合中国家庭特征，从理论和实证两方面分析中国家庭高储蓄的原因；在理论模型和提出假设的基础上，通过对家庭微观调查数据的观察，分析了中国新时代背景下人口结构对储蓄的影响、人口结构影响储蓄的具体机制、收入不平等和代际帮助对储蓄的影响。实证分析结果验证了本书提出的假设1和假设2，得出以下结论。

（1）中国家庭人口年龄结构影响家庭储蓄。由实证模型分析可知，家庭人口年龄结构（少儿抚养比和老人抚养比）是影响家庭储蓄率的重要因素，少儿抚养比对家庭储蓄的"生命周期"效应更显著，老人抚养比对家庭储蓄的"预防性储蓄"效应更显著。少儿的教育支出和老年人的医疗保健支出、预期寿命是影响家庭储蓄的重要原因。

（2）中国家庭收入不平等扩大使家庭储蓄率显著上升。随着居民可支配收入增加，家庭收入差距不断扩大。实证结果显示，收入不平等是影响家庭储蓄的重要因素，收入差距扩大使家庭储蓄率上升。在家庭收入异质性分析中，家庭储蓄率随着家庭收入的增加而上升，在经济欠发达的农村和西部地区，收入不平等扩大对家庭储蓄率的影响更显著。

（3）父母代际帮助可以提高家庭储蓄水平。代际帮助和代际财产转移对家庭储蓄有重要影响，根据微观调查数据可知，父母帮助子女料理家务和照看孩子，父母提供经济帮助对年轻家庭的储蓄有显著的正向影响，这符合中国家庭的现实情况。

本章通过微观数据观察，总结梳理了影响中国家庭储蓄的重要因素——家庭人口结构、收入不平等和代际帮助；厘清了少儿抚养比和老人抚养比的"生命周期"效应和"预防性储蓄"效应孰大孰小，剖析了人口年龄结构对家庭储蓄的具体影响渠道，探究了收入不平等和代际帮助对家庭储蓄率的影响。那么，家庭储蓄是如何影响利率，进而家庭债务会出现哪些变化？本书将在第五章阐述影响中国利率变化的因素，第六章阐述利率和房价如何影响家庭债务。

第五章　中国利率的影响因素分析

近三十年来，全球经济呈现"低利率、低增长、低通胀"的特征，无论是发达经济体、新兴经济体还是欠发达地区的利率水平均呈下降趋势。2008 年国际金融危机，发达国家普遍施行的量化宽松货币政策使低利率成为常态，2015 年后美联储长达 7~8 年的降息周期终于进入收尾阶段，但是 2020 年重大公共卫生事件新冠肺炎疫情席卷全球，各经济体被迫实行宽松的货币政策刺激经济，全球利率再次普遍下降，疫情仍未结束，中长期来看，全球利率会一直处于较低水平。近年来，中国作为最大的新兴经济体，利率水平也缓幅下降。短期来看，利率是央行货币政策逆周期调节的重要工具，在金融不断开放的背景下，短期利率还受到全球低利率和发达国家货币政策外溢性的影响；中长期来看，长期利率是资本的价格，由资金供求决定，长期利率的变动趋势由人口年龄结构和收入不平等决定。因此，为了深入探究中国家庭储蓄与债务问题，本章从中国利率的决定入手，分析利率的短期变化和长期决定，探究在中国经济发展变迁下，利率趋势的决定和传导机制。

5.1　影响中国利率的短期因素

利率是重要的货币政策工具，央行一般根据国内经济发展阶段和国际经济形势制定适宜的货币政策，以实现稳定物价和促进经济增长的目标。货币当局根据国内经济发展状况，制定合理的利率水平（这也是一国货币政策独立性的重要表现），同时，短期利率变化容易受到外部冲击的影响，如跨境资本流动、发达国家货币政策、资本管制以及汇率制度等。因此，本节主要从利率发挥逆周期调节作用和发达国家货币政策影响两个方面，分析中国短期利率的形成机制。

首先，中国人民银行在基准利率决定、利率市场化改革等方面起着决定性作用，本书参考央行制定货币政策的方案准则，分析央行应对国内经济波动的措施，以及利率的波动变化；① 其次，在开放宏观经济背景下，全球低利率、发达国家货币政策对中国短期利率产生影响，本书分析了金融开放背景下，短期利率受全球利率影响的机制。

参考 Taylor（1993）、Kara（2016）的研究，央行制定货币政策，假设上一期的名义利率所占比重为 ρ，均衡产出的通货膨胀率为零（$\pi^* = 0$），物价增长率为 π_t^p，即 $\pi_t^p = \ln(P_t - P_{t-1})$，产出缺口为 $\tilde{y}_t$，$\bar{y}$ 表示经济潜在产出，产出缺口 $\tilde{y}_t = \ln(\bar{y}_t - \bar{y})$，$\gamma_\pi$ 和 γ_y 分别是利率对通货膨胀率和产出缺口的敏感系数。央行根据泰勒规则制定货币政策（$\gamma_\pi > 0$，$\gamma_y > 0$），逆周期调节利率水平以熨平经济波动，如经济存在通货膨胀或产出正缺口时，提高基准利率，抑制经济过快增长。因此，利率水平决定式为

$$i_t = (\rho\, i_{t-1} + (1 - \rho)(r + \gamma_\pi\, \pi_t^p + \gamma_y\, \tilde{y}_t))\, e^{\epsilon_t} \qquad (5-1)$$

利率决定式（5-1）不仅考虑了央行对经济进行逆周期调节的需要，还参考了 Bielecki et al.（2018）的研究，考虑到外部冲击 e^{ϵ_t} 对利率的影响。因此，本节从促进经济增长的需要和全球低利率外部冲击的视角分析中国短期利率的影响机制。

5.1.1 货币政策逆周期调节工具

1. 逆周期调节的需要

利率是央行对宏观经济进行逆周期调节的重要工具。在新古典经济学理论框架下，利率影响投资需求，进而影响产出水平，当经济存在波动，实际产出大于潜在产出时，提高利率抑制通货膨胀和过快经济增长；当实际产出小于潜在产出时，降低利率促进投资需求，刺激经济增长。世界上主要的央行仍是按照这一规则制定利率，逆周期调节经济。本节

---

① 《中华人民共和国中国人民银行法》明确规定，货币政策目标是保持货币币值的稳定，并以此促进经济增长。

在凯恩斯经济学基础上，梳理了当存在逆向的需求冲击和供给冲击，经济衰退或萧条时，央行降低利率刺激产出的调节机制（见图5－1）。2008年国际金融危机对于全球经济来说是逆向的需求冲击，2020年暴发的新冠肺炎疫情是影响范围更广的逆向需求冲击和逆向供给冲击。面对逆向的外部冲击时，各经济体实施低利率的货币政策，从而刺激投资需求和消费需求，恢复经济增长。

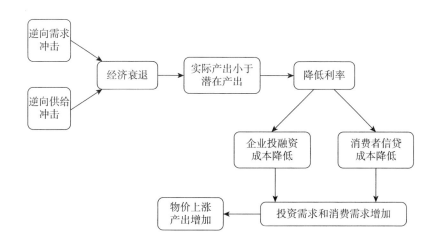

图5－1　逆向冲击下央行利率调节的影响机制

央行面对需求冲击和供给冲击时，灵活地使用货币政策调节经济。为了探究央行货币政策实施路径，深入理解利率形成机制，基于 IS－LM、AD－AS 模型，本节探究了宽松货币政策下利率、价格和产出的变动路径，详见图5－2。在需求冲击和供给冲击影响下，央行增加货币供给，LM 曲线向右移动到 LM′曲线，当国内经济再次达到均衡状态，即产品市场和货币市场均衡时，均衡产出由 Y 增加至 Y'，利率水平由 i 下降到 i'。利率下降使企业融资成本和消费者信贷成本降低，进而刺激投资需求和消费需求，在对应的 AD－AS 模型中，总需求增加，AD 曲线右移至 AD′曲线，均衡状态时产出增加，物价水平由 P 上升全 P'。图5－2清楚地解释了货币政策当局通过调节利率水平影响宏观经济指标。央行若实施宽松的货币政策，增加货币供给量，则均衡利率下降，物价上升，产出增加。

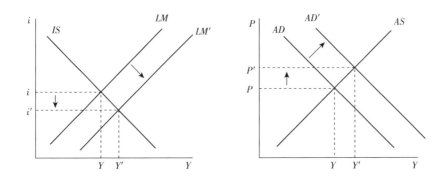

图 5 – 2　宽松货币政策下 IS – LM 和 AD – AS 模型

2. 中国利率变动特征

近三十年来，中国长期利率呈下降趋势（见图 5 – 3），由央行实施货币政策的规则可知，利率的调整和变动是逆经济风向行事。因此，本小节梳理了近三十年来中国央行四轮下调基准利率的阶段，结合国际国内经济发展阶段，阐述中国利率下行如何刺激投资需求、维持经济稳定增长，实现逆周期调节的宏观调控目标。

图 5 – 3　1996—2020 年中国基准利率变动

（资料来源：BIS，https://www.bis.org）

第一轮降低利率（1997—1999 年）。1993 年后中国经济增长过热，防控通货膨胀成为首要任务，中国实施适度从紧的财政政策和货币政策，使经济在 1996 年实现"软着陆"（周绍朋等，1998）。1997 年亚洲金融危机突然爆发，东南亚经济遭受重创，外部冲击给中国经济带来严重影响，外贸出口等外部需求大幅减少，人民币贬值压力较大，经济面临前所未有的困难。物价指数负增长，零售价格指数连续 19 个月下跌，中国经济"有效需求不足"，进入了通货紧缩的阶段（余永定，1999）。东南亚国家纷纷降低利率刺激投资，为了防止经济"硬着陆"，央行实行稳健的货币政策，1998 年 5 月恢复了公开市场业务，存款准备金率由 13% 下调至 8%；增加国内消费信贷的同时降低利率水平，刺激投资和经济恢复，从 1997 年 9 月至 1999 年 8 月，央行 4 次下调存贷款基准利率，基准利率从 10.08% 阶梯式下降至 5.85%。虽然利率连续下降，但是利率下调是因为 1993 年为治理通货膨胀而连续几次调高利率，通货膨胀得到控制后，名义利率随之下降，但是实际利率并未降低（于学军，1999）。危机中信贷扩张和利率下降配合积极的财政政策和宏观调控有效地拉动了经济增长的主导产业，2001 年亚洲经济全面复苏，中国外贸逐渐恢复，经济走出危机的影响。

第二轮降低利率（2008—2009 年）。2008 年国际金融危机爆发后，全球经济衰退，美国实施了四轮非常规的量化宽松货币政策（Quantitative Easing Monetary Policy，简称 QE）。2007 年 8 月至 2008 年 12 月，美国银行基准利率由 5.25% 下降到 0.125%，并且维持超低利率长达 84 个月，由此满足市场流动性，促进资本市场发展，进而促进投资和消费，恢复经济增长。然而美国货币政策外溢性导致全球流动性过剩，新兴经济体面临大量资本流入的风险。在全球外部需求疲软，资本流入和经济下行压力较大的背景下，中国央行在应对 1998 年亚洲金融危机的经验基础上，实施适度宽松的货币政策，减缓经济进一步下滑压力，配合四万亿元财政刺激计划，降低利率刺激总需求，2007 年 12 月至 2010 年 9 月基准利率从 7.47% 下降到 5.31%。国际金融危机爆发后，中国央行和发达经济体央行同步调整货币政策，降低利率水平，在此期间中国货币政策独立性明显减弱（解祥优，2020）。

第三轮降低利率（2015 年）。2015 年以后，中国经济进入新常态，由高速增长到高质量增长转换，经济增速低于 7%。全球外部环境不确定性增强，美联储加息，人民币汇率制度改革后，人民币贬值预期增强，资本外逃严重。国内以投资、出口驱动的经济增长动力不足，产业升级遭遇瓶颈，生态环境遭受破坏，人口老龄化和"人口红利"消失等一系列问题凸显，国内实施供给侧结构性改革，实体经济增长下行，中小企业融资难、融资贵。考虑到国内经济增速放缓，为了加大金融支持"三农"和小微企业，刺激总需求，中国人民银行 2015 年连续五次小幅下调基准利率，基准利率由 5.6% 下降至 4.35%，并且 4.35% 的利率水平保持了近四年。2015 年央行实行扩张性的货币政策不仅是为了稳定经济增长，也是为了稳定金融市场，如股票市场，同时为了化解房地产库存，降低利率稳定房地产市场（余永定，2019）。

第四轮降低利率（2019 年 12 月至 2020 年 4 月）。受新冠肺炎疫情影响，美国为了维持金融市场稳定和经济发展可持续，美联储实施"大水漫灌"的货币政策以提高市场流动性，基准利率下降至 0.125%，接近零利率。本是负利率的欧洲国家和日本等在疫情冲击下，不得不继续实施宽松的货币政策，但是利率下行空间受限。面对疫情冲击，中国政府发放 1 万亿元抗疫特别国债、专项债来刺激经济恢复，配合积极的财政政策，人民银行实施稳健的货币政策，且更加灵活适度、精准导向。2020 年 1—4 月银行报价的贷款市场报价利率（Loan Prime Rate，LPR）下降，一年期贷款利率下降 0.2 个百分点，五年期及以上贷款利率下降 0.15 个百分点。2019 年 12 月至 2020 年 4 月，中国人民银行将基准利率从 4.15% 下调到 3.85%，利率下调减少实体企业尤其是小微企业的融资成本，支持复工复产，保证经济活力，促进经济回暖。疫情影响下，全球经济陷入深度衰退，财政赤字大幅增加受限，而货币政策成为更重要的工具，包括中国在内的主要经济体下调利率，预计未来全球利率水平仍会持续处于低位。

学理上，当实际经济增长大于潜在经济增长时，经济中出现通货膨胀，央行提高利率抑制总需求，调控过快的经济增长；当实际经济增长小于潜在经济增长时，即经济衰退或通货紧缩，央行降低利率刺激总需求，促进经济持续稳定增长。本书结合中国近三十年来降息阶段和经济增长周期，分析中国降息与经济增长周期的同步性，揭示利率是货币政策逆周期调节的工具（见图5-4）。

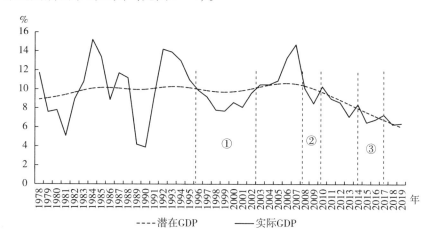

图5-4 1978—2019年中国潜在经济增长和实际经济增长

（资料来源：国家统计局，http：//www.stats.gov.cn）

图5-4比较了1978—2019年中国潜在经济增速和实际经济增速，其中潜在经济增速采用HP滤波的方法计算得到。[①] 1992年党的十四大提出建立社会主义市场经济体制，1978—1992年改革开放初期，经济周期波动幅度较大，因此，本书主要研究1992年后经济波动情况。数据显示，将实际增速小于潜在增速的时期划分成了三个阶段：第一阶段是1996—2003年，亚洲金融危机爆发和恢复期，时间段与图5-3中第一轮基准利率下调和持续期一致；第二阶段是2008—2010年，美国金融危机爆发和恢复期，时间段与第二轮基准利率下调一致；第三阶段是2015—2016年，中国经济进入新常态，经济增速放缓，国内实行供给侧结构性改革，时间段与第三轮降息期也一致。2020年在新冠肺炎疫情冲击下，中国成为全球唯一实现经济正增长的主要经济体，全年经济增长率达2.3%，第四轮降低利率的调整与经济明显衰退和复苏的过程

---

① 本书采用的HP滤波法是Eviews10软件，其中取 $\lambda = 100$。

一致。由此可见，短期利率下行与经济波动相关，利率是央行重要的逆周期调节工具。

央行利率政策调控目标主要是物价水平，学理上，由凯恩斯 IS – LM 理论可知，货币市场均衡时均衡利率取决于货币供给和货币需求，即公式（5 – 2）$L = \dfrac{M}{P}$，代入货币需求函数，可知利率和物价的关系如下：

$$kY - hi = \frac{M}{P} \qquad (5 - 2)$$

$$i = \frac{1}{h}\left(kY - \frac{M}{P}\right) \qquad (5 - 3)$$

式（5 – 3）揭示了物价与利率的基本关系，即价格越低，货币供给越多，当货币需求不变时，利率下行，物价和利率呈正相关关系。图 5 – 5 展示了 1996—2020 年通货膨胀率和央行基准利率的变动趋势，利率水平与物价指数基本呈正相关关系，与理论相符。当物价指数较高时，央行提高利率抑制过热经济，在四轮利率下降时期，物价指数也随之下降，尤其是 1998 年亚洲金融危机和 2008 年国际金融危机爆发后，伴随利率下降，物价指数呈显著大幅回落趋势。由此可见，利率与通货膨胀率的变化符合经济学常理。

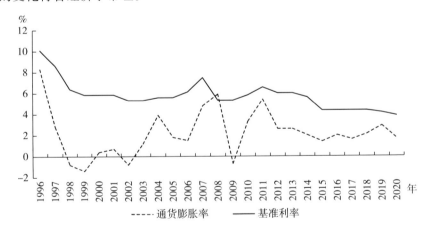

图 5 – 5　1996—2020 年中国通货膨胀和基准利率变动趋势

（资料来源：国家统计局，http：//www.stats.gov.cn）

　　总体来看，近三十年来央行四轮降息调整与经济增长周期相适应，中国央行将利率作为应对冲击和国内经济波动的货币政策逆周期调节工具，以保证经济持续稳定增长。中国利率水平与经济增长周期和 CPI 高度相关，央行在一定程度上保持了独立性，但也深受发达国家货币政策的影响。

5.1.2　发达国家货币政策的影响

　　利率反映了资本的价格，央行按照规则制定基准利率，而市场利率变动频率高，能较快地反映出市场上影响资本价格的因素。根据利率的决定式（5-1）可知，利率不仅是逆周期调节的货币政策工具，还受到全球低利率的影响，主要包括国际金融市场冲击。因此，本节从全球低利率的视角，分析中国短期利率变动趋势的原因，探究在全球金融开放的背景下，发达国家货币政策外溢性、跨境资本流动以及汇率制度改革对中国利率变动的影响机制。

　　1. 货币政策外溢性与国际收支失衡

　　发达国家尤其是美国的货币政策对全球货币政策和跨境资本流动有重要影响，特别是 2008 年国际金融危机后，主要的发达国家实施量化宽松的货币政策，美国相继实行了四轮非常规货币政策，欧洲和日本甚至实行零利率、负利率的货币政策，全球进入低利率时代，跨境资本在新兴经济体中大进大出。中国是最大的新兴经济体，发达国家对中国具有货币政策外溢性，因此，本节从跨境资本流动的视角，研究发达国家货币政策对中国短期利率波动的影响。

　　当发达国家利率下调时，逐利资本流入利率较高的经济体，在资本管制较宽松时，资本流入增加。假设资本流入为 I_{in}，资本流出为 I_{out}，则净资本流入为 $I_{in} - I_{out}$。资本流入增加使本币升值压力增强，假设一国实行固定的汇率制度，央行干预外汇市场以稳定汇率，买进外币释放本币，外汇储备增加，央行的资产增加，基础货币增加。如果央行采取完全冲销措施调控货币供应量，则货币供应量稳定；如果央行不采取完全冲销干预，则广义货币供应量 M_2 增加，即 $\dfrac{\partial M_2}{\partial I_{in}} > 0$（解祥优，2020）。[①] 已知利

率水平与货币供给负相关，即 $\frac{\partial i}{\partial M_2} < 0$，由此可得，当央行未完全冲销外

汇储备时，利率和资本流入的关系如下：

$$\frac{\partial i}{\partial I_{in}} = \frac{\partial M_2}{\partial I_{in}} \times \frac{\partial i}{\partial M_2} < 0 \qquad (5-4)$$

由式（5-4）可知，跨境资本流入会增加货币供给，进而压低利率水平。2008 年国际金融危机爆发，美国实施非常规量化宽松的货币政策，欧洲、日本等发达经济体普遍实施宽松的货币政策，全球利率下行。中国作为最大的新兴经济体，跨境资本甚至是"热钱"流入压力加大，央行为了维持或缩小利差，降低利率水平，缓解大量资本流入压力。同时，跨境资本流入加剧国际收支失衡，国际收支顺差扩大使人民币有升值压力，为了维持汇率稳定，央行买入美元吐出人民币，货币供应量增加，货币需求相对稳定，在不完全的央行冲销下，则利率下降。由此可知，发达国家实施量化宽松的货币政策、降低利率时，无论是中国央行政策调整，还是经济的自我反应，中国利率水平均下降，中国货币政策独立性受到发达国家货币政策外溢性的影响，发达国家利率下行会影响中国利率下行。

在开放的金融市场下，跨境资本流入和流出反映了资金供给的增减。跨境资本流入即资金的供给增加使利率下降，跨境资本流出即资金供给减少使利率上升。为了防止大规模资本流动破坏国内金融稳定，宏观部门采取资本管制防止"热钱"流入和资本外逃。在资本流出端的管制上，主要采取数量型工具和价格型工具。假设资本管制率为 τ，τ 越高，资本管制程

度越大，资本外流成本越高，资本外流规模越小，即 $\frac{\partial I_{out}}{\partial \tau} < 0$，资本外流减

少导致货币供应增加，即 $\frac{\partial M_2}{\partial I_{out}} < 0$。已知利率与货币供应量（$M_2$）负相关，

即 $\frac{\partial i}{\partial M_2} < 0$，由此可得资本流出与利率的关系 [式（5-5）] 以及资本管制

与利率的关系 [式（5-6）]。

$$\frac{\partial i}{\partial I_{out}} = \frac{\partial M_2}{\partial I_{out}} \times \frac{\partial i}{\partial M_2} > 0 \qquad (5-5)$$

$$\frac{\partial i}{\partial \tau} = \frac{\partial i}{\partial I_{out}} \times \frac{\partial I_{out}}{\partial \tau} < 0 \qquad (5-6)$$

随着美国非农就业的好转，2013 年后美国逐步调高联邦基准利率，计划回到常规货币政策，发达国家也陆续调高利率水平。中国央行考虑到利率处于正常范围，应满足国内投资、企业融资和经济增长的需要，并未提高利率水平。由于中国存在结构性国际收支顺差，并且国际收支"双顺差"持续多年，人民币仍然有升值压力，外汇储备增加，在不完全冲销下，基础货币供应量增加，利率下降。同时，中国资本管制加强，尤其是 2017 年后资本流出有严格的资本管制，资本流出规模减小，市场上货币需求稳定，货币供给增加，则利率下行。当发达国家提高利率时，中国央行并未相应提高利率，在结构性国际收支顺差和严格的资本管制下，国内货币需求稳定，利率呈下行趋势。

2. 人民币汇率制度改革

近三十年来，汇率市场化和弹性化一直是汇率制度的改革方向。改革开放以来，中国进行了三次重大的汇率制度改革，包括 1994 年汇率并轨、2005 年汇率制度改革和 2015 年"8·11"汇率制度改革，对人民币汇率有深远的影响，汇率变动对外汇储备、货币政策、外资外贸和宏观经济等有重要影响。本节从三次汇率制度改革出发，分析中国汇率制度改革对货币政策的影响，梳理了美元对人民币汇率的历史变化（见图 5-6）。

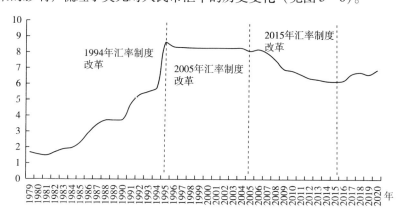

图 5-6　1979—2020 年美元对人民币汇率

（资料来源：中国人民银行，http://www.pbc.gov.cn）

图 5 - 6 是 1986—2020 年人民币对美元的汇率。[①] 1994 年中国汇率并轨,长期实行的双轨制汇率改革是以市场供求为基础的、单一的、有管理的浮动汇率制度,至 2005 年汇率一直保持在 1 美元兑换 8.2770 元人民币,汇率保持稳定,外汇储备不断增加。2005 年汇率制度改革,实行以市场供求为基础,参考一篮子货币调节、有管理的浮动汇率制度,人民币单边升值预期明显增强,2001 年中国加入世界贸易组织(WTO)后,国际收支"双顺差"加大,外汇储备快速积累(见图 5 - 7),中国成为全球第一外汇储备大国,2014 年外汇储备最高达 38430.18 亿美元;2015 年调整了汇率中间价报价机制,主要是做市商参考上一日银行间外汇市场收盘汇率,即参考收盘价决定第二天的中间价,这一市场化的改革方向是对的,但是由于市场上对中国经济增长预期的不乐观,人民币贬值预期加强。2020 年全球暴发新冠肺炎疫情,人民币汇率经历一番起伏,2020 年下半年人民币汇率走强,主要是因为中国保持常规货币政策,有效地防控疫情,率先复工复产,恢复经济,2020 年中国成为全球唯一正增长的主要经济体,美元加速贬值,同时中美博弈升级是持续的消息利空,人民币汇率波动成为吸收内外部冲击的减震器(管涛,2020)。目前中国已经基本退出常态化干预,基本由市场决定汇率(盛松成,2020)。

长期来看,人民币汇率主要受经济基本面的影响。人民币汇率形成机制的市场化是克服人民币单边贬值和单边升值的重要制度保障。近三十年来,虽然人民币汇率形成机制逐步市场化,但是人民币汇率仍存在单边升值和单边贬值预期。1994—2015 年长达二十多年人民币汇率保持稳定和单边升值状态,中国多年保持经常账户和资本与金融账户顺差,外汇储备迅速积累,汇率保持稳定,央行不完全冲销下货币供给必然增加,使利率下行。因此,中国短期利率下行与结构性国际收支顺差、外汇储备、跨境资本流动和汇率制度有关。随着金融市场不断开放,跨境资本流动频繁,发达国家尤其是美国货币政策外溢,根据开放条件下的

[①] 1 美元折合成人民币的年度平均数。

"不可能三角"理论，货币政策很难保持完全独立性，在全球低利率的冲击下，跨境资本流动影响资金供给量，进而影响利率波动。

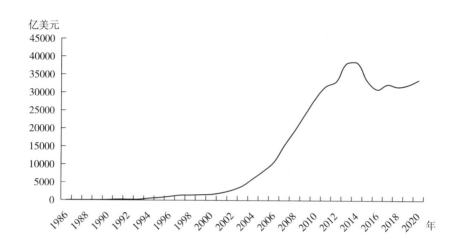

图 5 - 7　1986—2020 年中国外汇储备

（资料来源：中国人民银行，http：//www.pbc.gov.cn）

本节探究了近三十年来中国利率的影响因素，分别从相机选择型货币政策在逆周期调节中的作用和全球低利率的外部冲击两方面分析了中国四轮降低利率的主要事实，利率下降是货币政策实现逆周期调整，维持经济稳定的需要。利率作为资本的价格一定会受到国际金融市场的影响，资本账户开放会放大这一影响，在开放的金融市场下，发达国家的货币政策影响全球利率环境。人民币汇率将主要取决于供求关系，双向波动成为常态，短期内的升值和贬值主要是与国际收支流量变化相关。预期的变化都会通过跨境资本流动和外汇储备变化影响国内利率水平。

5.2　家庭储蓄对长期利率影响的实证检验

长期来看，中国利率呈下降趋势，不仅是中国利率，全球利率包括发达经济体和新兴经济体的利率均呈下降趋势，见图 5 - 8。根据古典利率决定理论，利率是资本的价格，取决于资金的供求即储蓄和投资。第四章我们探讨了中国家庭储蓄的影响因素，具体阐述了家庭人口结构、收入不平等和代际帮助如何影响储蓄。本节将从资金的供求角度入手，探究中国长期利率的形成机制，通过实证模型来检验人口结构和收入不平等通过影响家庭储蓄进而影响利率的机制，为研究具体的影响机制，采用中介效应模型，下文详细阐述了实证检验方法。

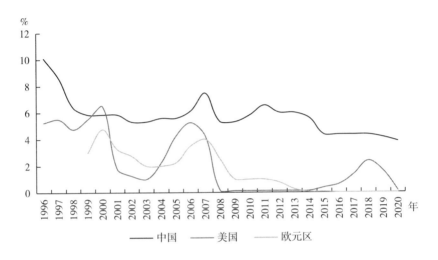

图 5 – 8　1996—2020 年中国、美国和欧元区利率变动

（资料来源：BIS，https://www.bis.org）

5.2.1　变量说明与数据来源

1. 数据描述

本章实证检验选用了 1995—2019 年 31 个省、自治区、直辖市的面板数据，数据来源是中国统计年鉴，见国家统计局官网。[①] 之所以选择省级宏观数据，是因为利率水平变动不具有微观家庭异质性，基准利率变动适用于各个省份，同时，影响利率的变量货币供应量也不具有省份异质性。实证检验中对缺失值和异常值进行了处理，删除了储蓄率为负的样本，最终共计 521 个观测样本。

――――――――――――

①　由于数据的可得性，本书选用西藏 1998—2019 年的数据。

2. 变量说明

被解释变量是中国长期利率水平。本节主要研究中国长期利率决定的影响因素和影响机制，选用十年期国债实际收益率来表示利率水平，十年期国债收益率期限长，波动幅度小，在很大程度上可以解释长期利率变动。考虑到通货膨胀对利率的影响以及省份利率的异质性，本书将名义收益率减去通货膨胀率得出国债的实际收益率，将其作为被解释变量，其中长期实际收益率的均值为 1.371%，最小值为 - 5.6%，最大值为 8.8%。

中介变量是家庭储蓄率。家庭是资金的提供者，家庭储蓄影响资金的价格，即利率水平。本书主要从资金的供给端，即储蓄的视角探讨长期利率的决定，因此，家庭储蓄率作为中介变量，通过人口结构、收入不平等变量解释利率的形成机制。家庭储蓄率是居民人均可支配收入与居民人均消费支出的差额占人均可支配收入的比重，代表广义的居民储蓄水平。居民储蓄率的均值为 26.04%，最小值 3.93%，最大值为 43.23%。

解释变量是人口年龄结构和收入不平等变量。根据第四章理论和实证分析结果可知，家庭人口年龄结构和收入不平等是影响家庭储蓄的重要因素。本节选用省级层面少儿抚养比和老人抚养比表示家庭人口年龄结构变化，省级家庭人口抚养比数据是人口抽样调查数据，具有一定的代表性，其中少儿抚养比均值为 26.46%，老人抚养比均值为 12.24%。少儿抚养比和老人抚养比的变动趋势可以体现中国家庭"少子化""二孩生育"和"老龄化"等人口特征。

一般衡量收入不平等的指标主要有三种，分别是基尼系数、城乡收入比和泰尔指数。基尼系数测算了整体的收入差距，对中等收入水平的变化比较敏感。测算省级基尼系数的文献主要有胡祖光（2004）、陈昌兵（2007）和鲁晓东（2008）。限于数据的可得性和完整性，省级基尼系数测算方法各异，不同方法的测算结果不同，且存在较大误差。城乡收入比是衡量城乡收入差距的重要指标，中国具有典型的城乡二元结构特征，陆铭等（2005）研究表明城乡收入差距变动可以解释总体收入差距变动的75%，因此，城乡居民收入比在一定程度上可以衡量收入差距水平，但是在人口迁移的背景下，城乡收入比忽略了城乡人口对收入差距的影响。

泰尔指数基于信息熵的理论衡量收入差距，可以衡量一组经济指标在不同时间、区域和层次范围内的差异，对上层收入水平的变化较敏感，通常用于城乡收入差距的测算。本书考虑到中国明显的城乡二元结构特征，认为城乡间的收入差距更能体现家庭间的收入差距，同时考虑到省级数据的可得性，因此，本书测算了泰尔指数来表示城乡收入差距，也计算了城乡收入比。本书参考了王少平和欧阳志刚（2007）、刘金全和毕振豫（2019）的方法测算省级泰尔指数，泰尔指数不仅体现了城乡收入差距，还体现了城乡人口变动对收入差距的影响：

$$T = \sum_{i=1}^{2}\left(\frac{I_i}{I} \times \ln\left(\frac{I_i/I}{P_i/P} \right) \right) \tag{5-7}$$

其中，i 表示农村和城镇，分别取值1、2；I_i 表示农村或城镇的居民总收入，为农村或城镇人均可支配收入与常住人口的乘积；I 表示总收入；P_i 表示农村或城镇的常住人口；P 表示某一区域内的所有常住人口。泰尔指数越大，城乡收入差距越大，泰尔指数越小，城乡收入差距越小，当收入份额与人口份额相等时，泰尔指数为0。

控制变量包括影响利率变动的主要经济变量。利率和投资水平相互影响，凯恩斯理论认为利率下降可以使企业融资成本下降，进而刺激投资需求，这是宏观经济调控遵循的一般经济法则；根据古典利率理论，投资反映了资金需求，投资增加则资金需求上升，进而提高利率水平。本章主要从资金供求的角度分析长期利率的决定，因此，资金需求即投资水平是重要的控制变量，本书选用全社会固定资产投资额取对数的变量。其他影响利率水平的经济变量包括货币供应量、通货膨胀水平、经济增长和居民消费变量，分别选用了广义货币 M_2 发行量取对数、居民物价消费指数（CPI）、地区生产总值取对数和居民人均消费取对数的变量表示，变量描述性统计如表5-1所示。

表 5 – 1　　　　　　　　**影响利率和储蓄变量的描述性统计**

变量	变量名	变量解释	均值	标准差	最小值	最大值	观测值
被解释变量	realrate	十年期国债实际收益率（收益率—通货膨胀率）	1.371	2.006	−5.6	8.80	521
中介变量	saving_rate	储蓄率（%）	26.041	5.898	3.933	43.231	552
解释变量	young	少儿抚养比（%）	26.463	9.207	9.64	59.26	524
	old	老人抚养比（%）	12.242	3.046	5.84	22.7	524
	theil	泰尔指数	0.434	0.154	0.093	0.854	555
	unequality	城乡收入比	3.575	2.904	1.073	13.634	555
控制变量	lninvest	投资额取对数	8.166	1.585	3.413	10.919	493
	lnm2	货币供应量取对数	13.280	0.995	11.015	14.502	555
	cpi	消费者价格指数	2.651	2.937	−3.6	21.4	552
	lngdp	国内生产总值取对数	10.094	0.973	7.510	12.009	555
	lncon	居民平均消费取对数	8.978	0.805	7.176	10.728	552

资料来源：国家统计局，http://www.stats.gov.cn。

5.2.2　基础回归

长期利率变动是资金价格变动，反映了资金的供求关系，家庭是资金的供给方，即提供储蓄。影响家庭储蓄的因素众多，本书以家庭储蓄为切入点，探讨长期利率变动的影响因素和具体机制，在理论模型的基础上，构建回归模型：

$$realrate_{it} = \beta_0 + \beta_1 saving\_rate_{it} + \beta_2 X_{it} + \mu_i + \varepsilon_{it} \qquad (5-8)$$

式（5 – 8）中，i 是家庭，t 表示时间，μ_i 表示不随时间变化不可观测的固定效应，ε_{it} 是随机扰动项。公式中被解释变量是省份十年期实际收益率（$realrate$），主要的解释变量是家庭储蓄率（$saving\_rate$），X 是一组影响利率水平的控制变量。参考研究利率决定的相关文献，回归模型中加入了消费者价格指数 CPI、货币供应量、全社会固定资产投资等控制变量。为了探究家庭储蓄影响利率的具体渠道，回归模型中还加入了人口结构和收入不平等的变量，分别是少儿抚养比、老人抚养比、泰尔指数和城乡收入比。考虑到省份不随时间变动的固定效应和模型存在的内生性问题，回归模型分别采用了固定效应模型和动态面板 GMM 估计。[①] 考虑到异方差，实证结果都作了稳健标准误估计，回归结果如表 5 - 2 所示。

表 5 - 2   储蓄影响利率的基准回归

参数	固定效应			GMM		
	（1）	（2）	（3）	（4）	（5）	（6）
	realrate	*realrate*	*realrate*	*realrate*	*realrate*	*realrate*
saving_rate	- 0. 145 ***	- 0. 064 ***	- 0. 070 ***	- 0. 077 ***	- 0. 076 ***	- 0. 083 ***
	（0. 028）	（0. 022）	（0. 025）	（0. 019）	（0. 015）	（0. 014）
cpi		- 0. 717 ***	- 0. 716 ***	- 0. 843 ***	- 0. 840 ***	- 0. 824 ***
		（0. 039）	（0. 040）	（0. 022）	（0. 022）	（0. 021）
lnm2		- 0. 610 ***	- 0. 715 *	- 0. 309	- 0. 316	- 0. 549 *
		（0. 071）	（0. 407）	（0. 236）	（0. 294）	（0. 258）
lninvest			0. 054	0. 327 *	0. 478 **	0. 013
			（0. 316）	（0. 176）	（0. 241）	（0. 222）
L. realrate				- 0. 079 ***	- 0. 084 ***	- 0. 106 ***
				（0. 016）	（0. 021）	（0. 022）
young					0. 049 **	
					（0. 024）	
old					- 0. 047	
					（0. 036）	
theil						- 7. 978 ***
						（1. 714）
常数项	5. 196 ***	13. 003 ***	14. 055 ***	6. 867 ***	5. 012 **	16. 364 **
	（0. 727）	（1. 158）	（2. 839）	（1. 696）	（2. 126）	（2. 823）
观测值	520	520	458	369	369	369

注：括号内为稳健标准误，*** 、** 和 * 分别表示在 1% 、5% 和 10% 水平上显著。

回归模型中第（1）至第（3）列是固定效应估计，由第（1）列回归结果可知，家庭储蓄率与实际国债收益率显著负相关，家庭储蓄水平越高，资金供给越多，利率水平越低。第（2）至第（3）列回归中分别

---

① 考虑到利率的序列相关性，以及随机误差项可能存在的异方差，本书所选数据是宽截面、长时间序列数据，GMM 估计方法可以解决内生性问题，保证估计结果一致性。

加入通货膨胀率、货币供给量和固定资产投资的变量，回归系数均符合经济意义，通货膨胀率上升，当期实际利率水平下降，若央行通过调节利率宏观调控经济，则未来滞后几期利率会下降；货币供应量与利率水平显著负相关，当货币供应量增加时，货币的价格即利率下降；全社会固定资产投资对利率有显著正影响，根据古典利率理论，投资水平越高，资金需求量越大，利率水平相应提高。回归模型中第（4）至第（6）列为 GMM 估计，模型中依次加入人口结构和收入不平等变量，第（4）列回归结果加入了实际收益率的一阶滞后项，回归结果依旧稳健；第（5）列结果显示，少儿抚养比对利率有显著影响，少儿抚养比上升会使利率显著上升；虽然老人抚养比对利率影响不显著，但是老人抚养比对利率的影响系数为负，老人抚养比上升，利率水平下降。第（6）列回归中加入了泰尔指数的变量，收入差距扩大使实际利率水平显著下降。基准回归结果检验了中国长期利率的决定，家庭储蓄即资金供给增加是长期利率下行的重要原因，家庭人口结构变动和收入差距扩大是长期利率变动的驱动因素，这验证了本书提出的假设3。

5.2.3　中介效应检验

基准回归结果检验了中国长期利率趋势与资金供给（储蓄）之间的负相关关系，储蓄和利率之前存在双向因果关系，根据经典的经济学理论，利率水平上升，利息增加使储蓄增加，反过来储蓄增加使资本供给增加，进而压低利率。基准回归展示了人口结构、收入不平等变量对长期利率变动的显著影响。本节的主要目标是探究中国长期利率的驱动因素和影响机制，因此，本节以家庭储蓄为中介变量，研究家庭人口结构和收入不平等通过影响家庭储蓄来决定利率的影响机制。为了检验具体的影响渠道，本节采用了中介效应检验（Mediation Effect）的方法。目前中介效应检验的方法有四种，分别是逐步回归法、系数乘积检验法、差异系数检验法和不对称置信区间法（Bootstrap 法）。常用的方法是系数乘积检验法中的 Sobel 检验，当数据无法完全满足标准误差估计的假设条件时，如正态分布和大样本假设，Sobel 检验估计有偏误。而 Bootstrap 法对中介效应的抽样分布不加以限制，适用于小、中样本和各种中介效应模型，与其他中介效应检验方法相比，具有较高的统计效力。

中介效应模型可以阐述为解释变量 X 对被解释变量 Y 产生影响时，X 通过影响变量 M 而对 Y 产生影响，M 变量称为中介变量。本节研究中，解释变量是影响家庭储蓄的主要因素：家庭人口年龄结构和收入不平等，被解释变量是长期利率（十年期国债实际收益率），中介变量是家庭储蓄率。本书首先采用了检验中介效应最常用的方法逐步回归系数法（Baron & Kenny，1986；温忠麟等，2004，2014），结合 Sobel（1982）检验，建立了一个中介检验程序，用来检验人口结构、收入不平等通过影响储蓄决定利率水平的机制，此方法检验第一类错误概率较低（Mackinnon et al.，2002；温忠麟等，2004，2014），符合模型设定要求。以家庭人口结构中少儿抚养比通过影响储蓄来决定利率的模型为例，模型设定如下：

$$realrate_{it} = c_0 + \alpha_1 \, young_{it} + \gamma_1 X_{it} + \mu_i + \lambda_t + \epsilon_{it} \quad (5-9)$$

$$saving\_rate_{it} = c_1 + \beta \, young_{it} + \mu_i + \lambda_t + \epsilon_{it} \quad (5-10)$$

$$realrate_{it} = c_2 + \alpha_2 \, young_{it} + \delta \, saving\_rate_{it} + \gamma_2 X_{it} + \mu_i + \lambda_t + \epsilon_{it}$$

$$(5-11)$$

在式（5-11）中，中介变量 $saving\_rate_{it}$ 表示储蓄率，中介检验的流程见图 5-9。在逐步回归系数法中，首先检验解释变量（$young_{it}$）对被解释变量（$realrate_{it}$）的影响，即式（5-9）中的系数 α_1；如果系数显著，则进行下一步依次检验式（5-10）、式（5-11）的 β 和 δ；如果两个系数都显著，则继续检验 α_2；若 α_2 也显著，表示中介效应显著，若 α_2 不显著，表示存在显著的完全中介效应。依次检验 β 和 δ，至少有一个不显著，继续作 Sobel 检验（1982），即构建统计量 $Z = \dfrac{\hat{\beta} \times \hat{\delta}}{S_{\beta\delta}}$，$S_{\beta\delta} = \sqrt{\hat{\beta}^2 S_\delta^2 + S_\beta^2 \hat{\delta}^2}$。其中 $\hat{\beta}$ 是 β 的估计值，$\hat{\delta}$ 是 δ 的估计值，S_β 和 S_δ 分别是 $\hat{\beta}$ 和 $\hat{\delta}$ 的标准误差。统计量 Z 和 5% 显著水平的临界值 0.97 比较，如果大于临界值则中介效应显著，若小于临界值则中介效应不显著。

家庭人口结构和收入不平等短期内变动幅度较小。利率的短期变动反映了央行货币政策调节，长期趋势反映了资金供求关系。根据理论模

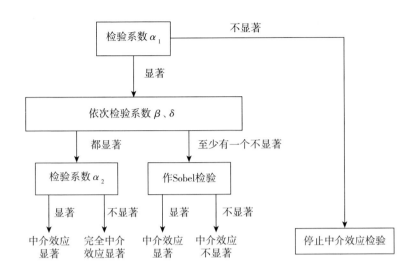

图 5 – 9　中介效应检验流程

型和第四章实证检验可知，人口结构和收入不平等是影响家庭储蓄的重要因素，而且这些变量通过影响家庭储蓄，从而决定长期利率。为了检验影响渠道，本节将居民储蓄率作为中介变量，分别将家庭人口年龄结构（少儿抚养比、老人抚养比）和收入不平等对长期利率进行中介效应检验，回归结果如表 5 – 3、表 5 – 4 和表 5 – 5 所示。

样本 A 是少儿抚养比对长期实际利率影响的中介效应检验，表 5 – 3 回归结果中，第（1）列表明少儿抚养比上升可以显著提高长期利率水平；第（2）列表明少儿抚养比上升使居民储蓄率显著降低，这符合少儿人口影响储蓄的"生命周期"效应，少儿抚养比上升，家庭育儿、教育支出增加，储蓄相应减少，这与第四章微观家庭实证结果相符，宏观数据和微观数据结果一致证明了实证检验具有稳健性；第（3）列检验了储蓄率和少儿抚养比对实际收益率的影响，相关系数显著且符号不变。在少儿抚养比影响实际收益率的中介效应检验中，Sobel 检验中 Z 值的绝对值为 1.855，大于显著水平为 5% 的临界值 0.97，因此，检验结果显示少儿人口结构对实际收益率的影响存在以储蓄率为中介变量的中介效应，且中介效应占总效应的 11%。具体的传导机制为：少儿抚养比上升，育儿支出增加，家庭储蓄减少，家庭储蓄是资金供给，资金供给减少使利率上升，反之相反。中国从 20 世纪 70 年代以来实行计划生育政策，少儿抚养比持续二十多年呈下降趋势，少儿人口减少对家庭的显著影响是储蓄率提高，这也很好地从人口结构的角度解释了中国高储蓄之谜，高储蓄、资本供给增加使长期利率下降，虽然 2015 年全面放开二孩政策，少儿抚养比有所上升，但是少儿人口长期下降的变动趋势是压低长期利率的重要原因，本节的实证结果也验证了该假说。

表 5 - 3 少儿抚养比的中介效应检验

参数	Panel A：young		
	（1）	（2）	（3）
被解释变量	*realrate*	*saving_rate*	*realrate*
young	0. 021 ***	− 0. 092 ***	0. 019 **
	（0. 007）	（0. 032）	（0. 007）
saving_rate			− 0. 026 **
			（0. 011）
控制变量	是	是	是
观测值	489	489	489
R – squared	0. 661	0. 191	0. 665
Sobel 检验	|Z| = 1. 855 > 0. 97，中介效应显著		
中介效应	中介效应 = − 0. 092		
	中介效应/总效应 = 11%		

注：括号中是稳健标准误；*** 表示 p < 0. 01，** 表示 p < 0. 05，* 表示 p < 0. 1。
资料来源：国家统计局网站。

人口老龄化是近年来中国人口结构的重要变化，这对家庭决策、消费储蓄行为产生了重要影响。不仅是中国，全球都面临人口老龄化问题，国内外学者对此进行了大量研究，其中大量国外学者通过研究发现，预期寿命延长、人口老龄化在一定程度上可以解释长期低利率趋势（Carvalho et al. ，2015；青木昌彦，2015；Lisack et al. ，2017；Bielecki et al. ，2018；Papetti，2019），人口老龄化一般影响家庭储蓄进而影响利率水平。因此，基于参考文献和理论模型推导，本节实证检验了人口老龄化对利率的影响机制，选用中介效应模型，回归过程如表 5 - 4 所示。

表5-4 老人抚养比的中介效应检验

参数	Panel B：old		
	（1）	（2）	（3）
被解释变量	*realrate*	*saving_rate*	*realrate*
old	-0.084***	0.276***	-0.067***
	（0.022）	（0.089）	（0.022）
saving_rate			-0.064***
			（0.011）
控制变量	是	是	是
观测值	489	489	489
R-squared	0.567	0.633	0.594
Sobel 检验	|Z| = 2.749 > 0.97，中介效应显著		
中介效应	中介效应 = 0.276		
	中介效应/总效应 = 20.9%		

注：括号中是稳健标准误；*** 表示 p < 0.01，** 表示 p < 0.05，* 表示 p < 0.1。

资料来源：国家统计局网站。

回归结果中第（1）列表示老人抚养比对国债实际收益率有显著负向影响，老人抚养比上升，利率水平下降；第（2）列检验了老人抚养比与居民储蓄的关系，老人抚养比越高，家庭储蓄率越高，这反映了老年人的预防性储蓄动机，这与第四章的微观家庭实证结果一致；由第（3）列可知储蓄率与实际收益率显著负相关，资金供给即储蓄越多，利率水平越低，人口老龄化越严重，长期实际收益率越低。在老人抚养比影响长期实际收益率的中介效应检验中，实证结果说明老人抚养比通过影响居民储蓄率进而影响利率水平，中介效应显著存在，且中介效应占总效应的20.9%。人口老龄化体现了人口结构的长期变动趋势，近三十年来中国人口老龄化程度不断加深，2010年后人口老龄化速度明显加快，在社会保障和医疗保障尚不完善的情况下，预期寿命延长使老年人对未来养老和医疗有后顾之忧，家庭减少当期消费，增加预防性储蓄，进而资金供给增加、利率下降，老人抚养比上升在一定程度上可以解释中国长期利率下行的趋势变化。

收入不平等、收入差距扩大一直是国内外学者高度关注的重要问题，随着收入提高，居民收入不平等扩大，由此激发了众多社会矛盾，这成为很多国家共同面临的挑战，关于收入不平等对长期利率的影响，众多学者通过不同样本的实证检验发现收入不平等扩大会压低长期利率水平（Rachel & Smith，2015；Lancastre，2016；Ludwig Straub，2017；Rachel & Summers，2019）。本节通过中介效应模型，选用城乡收入比表示收入不平等，检验了收入不平等对长期利率的影响渠道，回归结果如表 5-5 所示。

表 5-5　　　　　　　　　　　收入不平等的中介效应检验

参数	Panel C：unequality		
	（1）	（2）	（3）
被解释变量	*realrate*	*saving_rate*	*realrate*
unequality	- 0.101 ***	0.308 **	- 0.093 **
	（0.029）	（0.125）	（0.029）
saving_rate			- 0.028 ***
			（0.010）
控制变量	是	是	是
观测值	520	520	520
R - squared	0.677	0.259	0.678
Sobel 检验	|Z| = 1.83 > 0.97，中介效应显著		
中介效应	中介效应 = 0.308		
	中介效应/总效应 = 8.5%		

注：括号中是稳健标准误；*** 表示 p < 0.01，** 表示 p < 0.05，* 表示 p < 0.1。

资料来源：国家统计局网站。

表 5-5 中第（1）列回归结果显示，收入差距扩大降低长期实际收益率；第（2）列显示收入不平等扩大使家庭储蓄率上升，这与理论模型推导和第四章微观家庭回归结果一致，收入差距扩大提高了高收入人群

边际储蓄倾向；第（3）列回归结果显示，收入差距、家庭储蓄率与长期实际收益率显著负相关。实证结果与提出假设一致，当居民收入不平等加剧时，家庭储蓄率上升，资本供给增加，进而压低长期利率，因此，收入不平等对长期利率中介效应显著，中介效应占比为8.5%。自中国经济进入高速增长阶段以来，居民可支配收入增加，但是经济发展呈现显著的区域和行业非均衡性，居民收入差距扩大，基尼系数一直处于0.4国际警戒线水平以上，长期积累的收入不平等在一定程度上解释了长期低利率趋势。

以上中介效应检验选用了人口年龄结构和收入不平等，解释了长期利率下行，人口年龄结构和收入不平等通过影响家庭储蓄率影响长期利率水平。回归结果显示，少儿抚养比下降、老人抚养比上升和收入差距扩大使家庭储蓄增加，长期来看，资金供给增加压低长期利率水平。中介效应检验厘清了人口年龄结构和收入不平等对长期利率的影响渠道。本节宏观数据的实证结果与第四章家庭微观数据的实证结果一致，验证了理论假设3。

5.2.4　稳健性和内生性检验

考虑到模型稳健性，本节采用两种方法进行检验，一是替换被解释变量，将十年期国债实际收益率替换为五年期国债实际收益率，同样能体现长期利率变动趋势；二是采用不同方法进行中介效应检验，Bootstrap法对中介效应的抽样分布不加以限制，适用各种中介效应模型，因此，本书选用Bootstrap自抽样法进行中介效应的稳健性检验。首先，本书将人口结构、收入不平等、家庭储蓄等变量对五年期国债实际收益率进行实证检验，回归结果如表5－6所示：第（1）列检验了少儿抚养比对长期利率的影响，第（2）列检验了老人抚养比对长期利率的影响，第（3）列检验了泰尔系数对长期利率的影响，第（4）列将人口结构和收入不平等变量都放入回归模型中。回归结果显示，少儿抚养比下降、老人抚养比上升、收入差距扩大和居民储蓄率上升都显著降低了五年期国债实际收益率，证明实证结果具有稳健性。

表 5 - 6　　　　　　　　　5 年期国债实际收益率影响的稳健性检验

参数	（1）	（2）	（3）	（4）
	realrate_5	realrate_5	realrate_5	realrate_5
young	0.057 ***			0.035 ***
	（0.014）			（0.009）
old		− 0.078 ***		− 0.045 *
		（0.024）		（0.022）
theil			− 5.625 ***	− 5.087 ***
			（1.014）	（0.877）
saving_rate	− 0.004	− 0.004	− 0.018 **	− 0.019 **
	（0.009）	（0.010）	（0.008）	（0.007）
常数项	629.500 ***	196.696 *	667.513 ***	623.061 ***
	（74.653）	（96.418）	（83.212）	（96.040）
控制变量	是	是	是	是
时间固定效应	是	是	是	是
观测值	460	460	460	460
R²	0.883	0.880	0.895	0.897

注：括号中是稳健标准误；*** 表示 p < 0.01，** 表示 p < 0.05，* 表示 p < 0.1。
资料来源：国家统计局网站。

中介效应的稳健性检验采用了 Bootstrap 方法，具体做法是自抽样 1000 次后通过置信区间进行检验，若 95% 置信区间内不包含 0，则存在中介效应，回归结果见表 5 - 7。少儿抚养比对长期利率的直接效应为 0.019，间接效应为 0.0023，占总效应的比重为 10.99%，95% 的置信区间均不包含 0。因此，直接效应和少儿抚养比的中介效应显著，少儿抚养比通过影响家庭储蓄率，即广义的货币供给，进而影响利率。老人抚养比对长期利率的直接效应为 − 0.067，间接效应为 − 0.018，间接效应占总效应的比重为 20.9%，并且 95% 的置信区间均不包含 0，老人抚养比影响长期利率的直接效应和中介效应显著。收入不平等影响长期利率的直接效应是 − 0.093，间接效应是 − 0.009，间接效应占总效应的比重为 8.54%，并且 95% 的置信区间均不包含 0，收入不平等影响长期利率的直接效应和中介效应显著，收入不平等扩大压低长期利率水平。Bootstrap 法的中介效应检验再次证明了家庭人口结构和收入不平等变量通过影响家庭储蓄进而压低长期利率的影响机制，验证了实证结果的稳健性。

表 5－7　　　　　　　　　利率的中介效应检验：Bootstrap 方法

中介传导途径	效应类别	点估计	占比（%）	标准误	Bootstrapping（95% 置信区间）			
					百分位数		偏差矫正百分位	
					上限	下限	上限	下限
少儿抚养比	直接效应	0.019	89.01	0.007	0.004	0.033	0.005	0.034
	间接效应	0.0023	10.99	0.001	0.0003	0.0049	0.0005	0.0054
	总效应	0.0213	100	0.007	—	—	—	—
老人抚养比	直接效应	－0.0667	79.10	0.020	－0.105	－0.027	－0.110	－0.028
	间接效应	－0.0176	20.90	0.008	－0.033	－0.005	－0.035	－0.005
	总效应	－0.0843	100	0.022	—	—	—	—
收入不平等	直接效应	－0.0928	91.46	0.037	－0.176	－0.031	－0.177	－0.032
	间接效应	－0.0087	8.54	0.006	－0.023	0.0008	－0.025	－0.0002
	总效应	－0.1015	100	0.029	—	—	—	—

　　本书考虑到居民储蓄率对长期利率影响的内生性问题，内生性问题一般由遗漏变量、测量误差和互为因果导致。关于遗漏变量和测量误差的问题，本节选用固定效应模型和 GMM 估计，控制时间固定效应和不随时间变动的其他变量，在一定程度上可以克服内生性问题。储蓄和利率之间存在互为因果的关系，根据凯恩斯理论，利率水平决定储蓄率，利率越高，利息收入越高，储蓄水平越高，资金供给越多，利率水平下降。针对利率和储蓄之间的因果关系，考虑到我们主要讨论的问题是中国近三十年来长期利率趋势变动的原因，根据古典利率理论，资金供给和需求即储蓄和投资是影响长期利率的主要因素，本节采用人口年龄结构和收入不平等对长期利率作中介效应检验。利率水平的变动主要取决于央行，从这个意义上来讲，人口年龄结构和收入不平等变量可以看作家庭储蓄率的工具变量，它们显著影响家庭储蓄水平，但是短期内不能影响货币当局的利率政策。同时，人口结构变动，尤其是少儿人口完全受到

外生变量生育政策的影响。因此，以上中介效应检验解决了互为因果的内生性问题。

5.3 本章小结

本章结合中国实际国情和经济发展阶段，分析了中国利率的影响因素。中国短期利率是国内经济增长和全球低利率共同作用的结果，近三十年来，中国人民银行四轮降息，这均与国内经济增速放缓和国际金融市场外部冲击有关，总体来说，中国短期利率决定遵循央行货币政策的一般规则，与国内经济和全球环境相适应。长期利率决定则是取决于货币供求，即储蓄和投资，利率的长期趋势由人口年龄结构和收入不平等决定。本章实证探究了中国长期利率决定，检验家庭人口年龄结构、收入不平等对长期利率的影响，实证结果稳健并验证了理论假设3，得出以下三个结论。

（1）短期利率是货币政策逆周期调节的重要工具，且受发达国家货币政策外溢性影响。本章总结了央行近三十年的降息阶段，根据央行制定货币政策的泰勒规则，认为短期利率是货币政策逆周期调节工具，同时它也受到发达国家货币政策的影响。通过阶段分析发现，央行利率下调与国内经济周期、通货膨胀水平紧密相关。全球低利率和国际金融市场冲击影响短期利率决定，发达国家货币政策外溢，人民币汇率制度改变汇率预期和跨境资本流动，进而影响短期利率变动。

（2）资金供给即储蓄增加导致长期利率下行。根据古典利率理论，资金供求决定资金价格即利率水平，中国家庭储蓄水平一直处于高位。本章从资金供给的角度，分析了家庭储蓄率对长期利率的决定。实证结果显示，家庭高储蓄显著降低长期利率，较高的家庭储蓄使货币供给增加，减少了市场借贷的货币需求，进而压低长期利率。

（3）家庭人口结构和收入不平等通过影响家庭储蓄，进而决定长期利率。本章检验了人口结构和收入不平等对长期利率的影响，结果表明，人口结构和收入不平等是长期利率下行的驱动因素，少儿抚养比下降、老人抚养比上升和收入不平等扩大使家庭储蓄率上升，导致长期利率下行。

　　通过事实梳理和实证分析，本章分析了中国利率下行的原因，阐述了短期利率决定和长期利率决定的驱动因素，结合中国经济增长周期，分析四轮降息的动机，并从资金供求和家庭储蓄的视角，探究家庭人口结构和收入不平等对利率长期趋势变动的影响，并清晰地分析了传导机制。

第六章 利率、房价对家庭债务的影响

　　家庭既是资金的提供者，又是资金的需求者，即家庭通过储蓄向市场提供资金，通过负债向市场借贷资金，最终目的是实现家庭效用最大化，来满足更高水平的消费。根据第四章和第五章分析可知，中国家庭有较高的储蓄，资金供给量增加，同时，为了应对经济危机，央行实施灵活宽松的货币政策，最终，中国长期利率下行。利率下降使家庭借贷成本下降，家庭债务大幅增加，居民杠杆率上升。同时，中国家庭高储蓄推高了房地产价格，房地产价格大幅上涨使房地产成为特殊的消费品，购房需求不仅是消费需求，还是家庭重要的投资需求。近年来，中国家庭债务急剧增长，80%的家庭债务是住房贷款，2021年中国居民杠杆率达62.2%，虽然与发达国家相比较低，但是杠杆率增长速度加快。利率下降和房价上涨使中国居民杠杆率高速增长，背后隐藏着众多风险，这引起了学者们的关注和担忧。因此，研究中国长期利率、房地产价格与家庭债务的关系有重要意义。

　　本章在第三章理论模型的基础上，首先，从国际经验入手，梳理和总结了美国、日本在经历危机时利率、房价和家庭债务的影响机制，并对家庭债务的影响进行了理论分析；其次，分析中国低利率、高房价下家庭债务选择，探究影响家庭债务的重要影响因素，在房地产作为一种投资产品的情况下，家庭如何在收益和成本之间权衡来决定家庭债务规模。

6.1　利率、房价与家庭债务的理论和现实分析

6.1.1　利率、房价影响债务的国际案例

　　利率水平和房产价格是影响家庭债务和居民杠杆率的重要因素。当

房产价格过高，泡沫破裂时，经济体面临通货紧缩，可能会导致危机发生。

从历史的时间线来看，一次次危机验证了利率、房价和家庭债务之间的相关关系。2008 年美国次贷危机引发国际金融危机。危机前夕，房产升值过快，居民债务增加，房价下跌后，居民还款困难，引发次贷危机并导致通货紧缩，甚至经济衰退。同样，日本 20 世纪 80 年代末到 90 年代初，超低利率和房价高速增长使居民杠杆率快速上升，随后房地产价格泡沫破裂，日本经济衰退近三十多年。两次危机都与低利率、高房价和居民高杠杆密切相关。因此，本章梳理美国和日本发生经济危机的历史经验，探究利率、房价和家庭债务之间的关系，分析发生危机的影响机制，为中国利率、房价和家庭债务发展提供经验教训。

长期来看，美国利率水平呈下行趋势，20 世纪 90 年代央行基准利率基本稳定在 5% 左右，2001 年 "9·11" 袭击事件后，为了提振美国经济，美联储决定降息，2001—2004 年持续降息，基准利率由 6.5% 降至最低水平 1%。银行推出多种优惠政策和住房贷款来吸引美国房地产消费者，房产价格不断攀升（见图 6-1）。美国住房价格用美国联邦住房金融局统计的住房价格指数（Housing Price Index，HPI）表示，其中 1991 年第一季度指数为 100。根据房价指数走势可知，2000 年后伴随利率下行，房价增速明显加快，直至 2008 年国际金融危机爆发前，美国房价指数达到最高的 221.65，2001—2008 年房价上涨了 60%。

在居民借贷融资成本极低，房产投资收益不断升高的经济环境下，用于房地产投资的家庭债务不断积累。由图 6-1 可知，2001—2008 年居民杠杆率增速明显加快，由 72.43% 增长到 97.43%。2004 年 6 月起，美联储开始加息以控制通货膨胀，2004 年 6 月至 2007 年 8 月，基准利率由 1% 上调至 5.25%。然而连续性的升息使房产借贷成本升高，过度偿债负担抑制总需求，使房价进一步下跌和按揭贷款违约，最终房地产泡沫破灭（成十，2008）。从美国次贷危机爆发的过程可知，利率、房价和家庭债务之间有相互强化和相互影响的紧密联系，超低利率导致借贷成本下降，家庭债务增加尤其是住房贷款增加推高了房产价格，在高房价和低

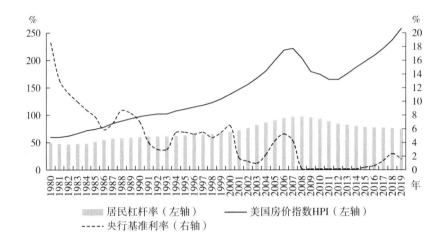

图 6 - 1 1980—2019 年美国利率、房价与居民杠杆率

（资料来源：BIS，https：//www.bis.org；美国联邦住房金融局，https：//www.fhfa.gov）

利率共同作用下，家庭债务继续增长，最终，超低利率下快速增长的房产价格催生了泡沫经济。居民杠杆率上升，一旦房价下降和利率上涨，住房提前止赎，家庭债务难以偿还，则金融市场风险加剧，导致危机爆发。

20 世纪 90 年代日本发生的金融泡沫危机也说明了利率、房价与家庭债务之间相互强化的关系。20 世纪 80 年代初，日本签订广场协议，日元升值，贸易顺差减少。为了防止经济下滑和美元暴跌，日本银行下调贴现率。1987 年 2 月，日本将贴现率降至 2.5% 的超低水平，随后维持了两年零三个月，同期美国贴现率为 8.4%，这为泡沫经济埋下了伏笔（陆静华，1994；黄晓龙，2007）。不仅银行贴现率下行，而且日本央行基准利率也逐年下行（见图 6 - 2），1985—1989 年央行持续降息，基准利率由 5% 降至 2.5%。

低利率推动了日本房地产泡沫的形成。1986—1989 年日本房价翻一番，与 1985 年相比，1990 年东京商业区的地价上涨了 170%，住宅区地价上涨了 130%（成十，2008）。本节总结了日本历史土地价格变化情况，由于日本房价数据统计较少，而地价统计数据较多，日本房地产价格主要由土地价格构成，房价波动主要取决于土地价值波动（黄红梅等，

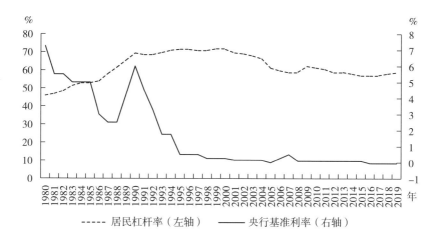

图 6 - 2 1980—2019 年日本利率与居民杠杆率

（资料来源：BIS，https：//www. bis. org）

2014），因此，本节选取日本 1989—2019 年土地平均价格和住宅平均地价表示日本房价变动（见图 6 - 3）。在 20 世纪 90 年代初日本土地价格达到最高，平均地价和住宅地价超过 35000 日元/平方米。

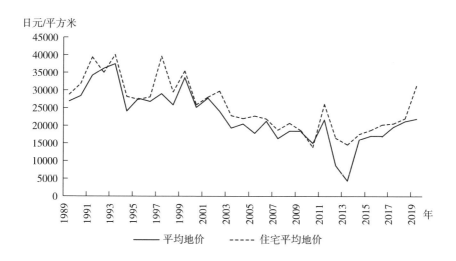

图 6 - 3 1989—2019 年日本平均土地价格

（资料来源：日本国土交通省，https：//www. mlit. go. jp）

长期超低利率和高房价的积累是日本泡沫经济形成的关键因素。长期低利率导致市场流动性过剩,房产投资的升值率远大于贷款利率,因此,居民和企业的土地投机现象严重,家庭住房贷款急剧增加。20 世纪90 年代初,日本居民杠杆率接近70% 的高水平;1980—1990 年,居民杠杆率增加了52% (见图 6 - 2)。为了防止通货膨胀,1988—1990 年,日本央行加息,并大幅削减银行贷款,严格控制房地产贷款。紧缩的货币政策使货币供应量减少,房产价格下跌,利率提高使融资成本上升,家庭债务违约风险加大,日本房地产泡沫破裂,土地价格在波动中下行,物价下跌,进入通货紧缩的时代。

根据资料梳理可知,美国次贷危机和日本经济泡沫都与低利率、高房价导致高债务相关,这三者之间相互影响的机制可用流程图来表示(见图 6 - 4)。

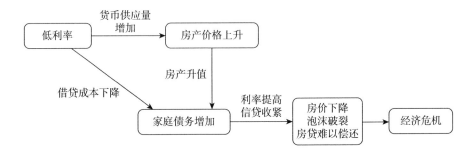

图 6 - 4　利率、房价与家庭债务的影响

无论是美国次贷危机,还是日本经济泡沫,都与央行宽松的货币政策有关。长期实行超低利率使货币供应量增加,当大量资金流入资本市场,如股市、房地产市场时,由于土地资源的稀缺性,大量资金追逐下房产价格上升,在借贷成本下降而房产升值的情况下,家庭债务尤其是住房贷款增加,房地产投资更多表现为投机行为。为了防止通货膨胀,央行实施紧缩的货币政策,提高利率水平,收紧信贷,借贷融资成本上升,投资者大量抛售房产,房价下跌,家庭债务难以偿还,最终导致泡沫破裂和经济危机。由此可见,利率、房价与家庭债务之间有相互强化的紧密联系,利率下行和房价上涨导致家庭债务增加,当债务超过适当范围时，容易引发泡沫破裂和经济危机。中国应该吸取发达国家发生危机的经验教训，实施灵活稳健的货币政策，防止长期维持超低利率水平，控制大量资金流入房地产市场，严格落实"房住不炒"的政策，将家庭债务控制在合理范围内，预防房地产泡沫和债务危机的爆发。

6.1.2 利率、房价与家庭债务的理论分析

低利率、高房价和高债务相互作用，容易引发债务危机甚至金融危机和经济危机，不利于经济增长，2008 年美国次贷危机、2011 年欧债危机的爆发，引起学者们对家庭债务的高度关注。本节遵循上文逻辑，继续拓展思路，从理论上解释低利率、高房价、高债务对经济危机和经济增长的影响机制，目前已有成熟的理论和文献解释家庭债务对经济危机和增长的影响，主要集中在以下方面：债务通缩理论、金融不稳定假说和金融加速器理论。

1. 债务通缩理论

Fisher（1933）提出"债务—通缩"理论解释美国 20 世纪 30 年代的经济大萧条，他认为债务和通货紧缩存在螺旋式相互恶化的关系，本书将债务通缩理论运用到家庭债务的影响研究中（见图 6 - 5）。当经济体存在过度家庭债务时，会产生泡沫，一旦出现经济环境恶化、信贷收紧等负面冲击，泡沫破裂，家庭不得不低价出售房产偿还债务，这样导致货币流通速度下

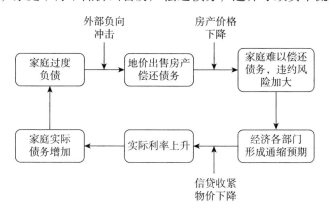

图 6 - 5　家庭"债务—通缩"恶性循环

降、存款收缩，房产价格大幅下降导致家庭房贷违约风险增加。物价持续下降和悲观情绪在各经济部门持续蔓延，金融机构等增强信贷约束，形成通缩预期，实际利率上升导致家庭更大的债务负担，债务和通缩恶性循环得以实现，宏观经济衰退。在债务通缩的理论基础上，King（1994）研究表明过度债务水平在分配性冲击下导致经济产出减少。

2. 金融不稳定假说

学术界逐渐观察到宏观经济与金融市场的密切联系，海曼·明斯基（Hyman P. Minsky，1986）继承和发展了费雪的"债务—通缩"理论，提出了"金融不稳定假说"（Financial Instability Hypothesis，FIH）。明斯基丰富了凯恩斯理论，认为资本主义经济具有不稳定性，金融不稳定源于金融扩张，信贷的扩张和收缩影响经济周期，与传统理论不同，货币和金融作为内生变量影响经济增长。该理论的核心思想是投资的融资理论，资本投资取决于融资水平，融资形成未来的现金支付承诺，明斯基据此将现金流分为三类：收入现金流（资本资产的现金流）、资产负债表现金流（现有债务的现金流）和投资组合现金流（资产和金融资产交易现金流）。根据现金流形式，将资本的外部融资分为三种类型：对冲性融资、投机性融资和庞氏融资，对冲性融资指投资带来的未来预期现金流可以支付债务的本金和利息，借贷双方风险较低；投机性融资指资本资产投资产生的预期收入现金流可以支付融资利息，短期内延缓支付本金，但是长期来看预期收入可以偿还债务，具有债务期限错配的特征；庞氏融资指资本资产投资的预期收入现金流不能偿还利息和本金，借贷风险增加。对冲性融资相对稳健、风险较小，而投机性融资和庞氏融资加剧金融市场的不稳定性和脆弱性，使金融市场容易受到负面冲击的影响。当金融市场中投机性融资和庞氏融资占比较高时，金融市场不稳定性加剧，在外部负面冲击下，外部融资者廉价抛售资产偿还债务，导致资产价格大幅下跌，银行等金融机构收紧信贷约束，最终资产泡沫破灭，宏观经济衰退。在低利率、高房价背景下，投资者借贷廉价的资金投资不断升值的房产，使房地产投资具有更多的投机性质，投机性融资大幅增加加剧了金融市场脆弱性，最终导致危机爆发。

3. 金融加速器理论

Bernanke et al.（1989）在费雪"债务—通缩"理论基础上，引入金融市场借贷摩擦，从信息不对称和委托代理的视角解释债务和通缩的关系，并提出"金融加速器"（Financial Accelerator）理论。该理论认为企业的外部融资成本取决于企业资产净值，因此，企业的投资水平取决于资产负债表状况，投资水平影响下一期的产出波动。当宏观经济衰退时，过度负债的企业资产负债表恶化，使借贷双方信息不对称程度上升，加剧了逆向选择和道德风险问题。金融机构等信贷部门会收紧信贷规模，提高风险溢价（如提高贷款利率），企业资产净值降低，相应的外部融资成本上升，资产负债表进一步恶化，抑制企业投资。信贷市场通过企业净值和资产负债表将正向或负向冲击对经济的影响放大，因此，金融市场具有放大经济周期的效应。这种金融传导在经济周期中具有不对称性，资产负债表效应在经济衰退时比经济繁荣时的放大效应更大，资产净值对投资的影响在小公司中更明显。金融加速器的原理不仅体现在企业中，也体现在家庭债务中，家庭的借贷成本取决于银行信贷条件，投资水平取决于资产负债表情况，当宏观经济衰退、房产价格下跌、居民部门过度负债时，家庭资产负债表恶化会加剧逆向选择和道德风险问题，增加还贷压力和偿债风险，金融机构压缩信贷，提高贷款利率，进一步提高家庭债务负担，融资成本上升，资产负债表恶化使房贷违约进一步加剧，金融市场动荡加剧，可能引发危机，放大经济周期效应。

除了以上低利率、高房价、高债务对经济危机和经济增长的理论分析，已有文献还从家庭债务影响家庭财富、家庭消费的视角，研究影响经济增长的传导机制。家庭负债的影响机制主要体现在两方面：一方面是家庭负债的"财富效应"或"收入效应"，即家庭负债可以补充家庭总财富，增加家庭可支配收入，平滑家庭跨期消费，适度规模的家庭债务被视为金融体系稳健运行的指示器，家庭负债的短期增加会促进家庭财富的短期增加，能促进经济增长（周利等，2018；许桂华，2013；Johnson & Li，2017；伍戈等，2018；宋明月和臧旭恒，2020），许桂华（2013）研究得出，当家庭债务变动时，消费将会表现出过度敏感性，家庭负债增加，消费更大幅度增加，家庭债务对消费的持久性影响较大。另一方面是家庭负债的"挤出效应"，即刚性的偿债负担使家庭可支配收入减少，挤占消费水平，Mian & Sufi（2012）和 Claessens et al.（2011）通过对家庭资产负债表进行研究，认为过度的家庭负债会恶化家庭的资产负债表，导致消费水平下降，进而影响经济增长。总体来说，学术界关于家庭债务对家庭财富、消费和经济增长的影响分为短期和长期影响达成共识，Kim（2011）认为短期家庭负债与宏观经济水平正相关，长期家庭债务与经济增长负相关；郭新华等（2015）通过采用 VECM 模型检验中国家庭负债和宏观经济波动的关系，得出结论：短期内家庭负债增长会促进经济增长，长期来看过度的家庭负债会阻碍长期经济增长。家庭过度负债会使家庭财务对价格、利率和就业率更加敏感，经济衰退时更容易受到危机冲击，给宏观经济带来负面影响（吴晓莹，2008；Kim，2011）。

本节梳理和总结了利率、房价与家庭债务之间相互强化的关系和影响机制，厘清了三者之间的关系，借鉴发达国家的经验教训，防止危机的发生。关于家庭债务对经济增长和经济危机的影响很有研究价值，但是本书主要集中于中国家庭储蓄和债务问题研究，因此，下一节主要研究中国利率、房地产价格对家庭债务的影响，通过实证分析检验三者的影响机制。

6.2　利率、房价对家庭债务影响的实证检验

根据理论分析可知，利率和房地产价格是影响中国家庭债务的重要因素，一方面，购房需求作为消费需求，家庭通过借贷购置房产，利率是借贷融资的成本，成本越低，居民杠杆率越高；另一方面，购房需求作为投资需求，家庭借贷时会权衡投资成本和收益，当投资收益大于借贷成本时，家庭债务增加。为了探究中国利率水平、房地产价格与家庭债务之间的关系，本节从微观调查数据和省级宏观数据入手，分别作了实证检验，分析了影响中国家庭债务的因素，以及利率、房价增长率和家庭债务之间的关系。

家庭债务对消费和经济增长的影响也值得进一步深入探讨，但是本书主要讨论利率、房价与家庭债务这三者的关系。

6.2.1　家庭债务的影响因素——微观调查数据分析

本书理论模型以家庭作为研究对象，探究家庭通过储蓄、借贷决策实现效用最大化，因此，本章选用微观调查数据进行实证检验，系统地分析影响家庭债务的主要因素，以及利率和房价对家庭债务的影响机制。本章采用的数据与第四章一致，为中国家庭追踪调查（CFPS）数据。CFPS 数据来自北京大学中国社会科学调查中心，数据样本覆盖全国 25 个省、自治区、直辖市（除香港特别行政区、澳门特别行政区、台湾省、新疆维吾尔自治区、西藏自治区、青海省、内蒙古自治区、宁夏回族自治区和海南省），162 个县，635 个村庄或社区的 14798 个家庭，数据样本规模大，数据库采用科学、随机的抽样方法，数据质量较高，具有良好的代表性，目前已有高质量经济学论文采用 CFPS 数据进行实证检验。调查每两年进行一次，截至 2019 年，CFPS 数据库有 2010 年、2012 年、2014 年、2016 年和 2018 年数据，与其他微观数据相比，CFPS 数据提供了大量面板数据，有助于克服实证研究中的遗漏变量和反向因果等问题，考虑到样本的延续性，本书选用 2014 年、2016 年和 2018 年的数据。家庭微观数据全面涵盖了家庭资产负债情况，包括总债务、房产相关债务、按揭贷款比重等，同时，数据库中还包含了居民和家庭丰富的基本特征和经济行为信息，在实证模型中可以增加更多控制变量，有助于研究家庭债务的影响因素，能很好地验证本书提出的假设。

1. 家庭资产负债情况

为了更直观地了解中国家庭债务情况，本节采用包含丰富信息的中国家庭追踪调查（CFPS）数据，对中国家庭的资产负债情况进行了描述性统计（见表 6-1），为了体现家庭资产负债的时间变化趋势，表 6-1 分别列出了 2014 年、2016 年和 2018 年家庭总资产负债和房产的资产负债情况。为了剔除异常值的影响，本书对变量进行了 2% 的缩首缩尾处理。

表 6 - 1　　　　　　　　　2014—2018 年家庭资产负债情况

家庭资产负债情况	2014 年	2016 年	2018 年
总资产均值（元）	341969.3	427056.2	598536.5
房产资产（元）	302905	371050.4	534976
房产占总资产比例（%）	78.87	73.94	81.25
总负债均值（元）	26404.55	34591.09	43610.29
银行住房贷款（元）	10406.35	15477.14	21302.46
银行住房贷款占总负债比例（%）	19.13	23.6	29.38
家庭购房借款占总负债比例（%）	54.56	53.8	54.29
总资产中位数（元）	130000	160000	240000
总负债中位数（元）	0	0	0

资料来源：2014 年、2016 年、2018 年 CFPS 数据库。

　　家庭 2014—2018 年资产和负债都呈递增趋势，且增长速度加快，2018 年资产的增长速度（40%）快于家庭债务的增长速度（26%），家庭资产中房地产资产是重要的组成部分，2018 年家庭房产占总资产 80%以上，这说明了中国家庭与西方国家家庭财富配置不同，西方国家家庭大部分以股票、债券、基金等形式配置资产，而中国家庭的大部分财富和资产以房产的形式存在，这体现了房地产价格在家庭资产中的重要性。家庭债务中银行住房贷款逐年递增，且平均每两年的增长率达到 40%，银行住房贷款占家庭总负债的比重也逐年递增，2018 年达到近 30%。家庭购房借款不仅是银行住房贷款，还包括亲戚借款和民间借贷，家庭购房借款占总债务比重超过 50%，由此可见，中国家庭住房债务是家庭债务的主要组成部分，这体现了房地产价格在家庭债务中的重要性。由表 6 - 1 可知，总资产和总债务的中位数，中位数远低于均值水平，这表明家庭资产负债分布不均衡，且大部分家庭没有债务。

　　根据第四章和第五章内容可知，中国家庭收入差距较大，收入不平等问题严重，收入不同的家庭资产负债配置不同，为了描述不同收入家庭的资产负债情况，本节选取 2018 年 CFPS 数据进行初步分析统计，2018 年调查数据样本规模大，可以全面反映中国家庭现状。表 6 - 2 中描述了收入前 1%、前 10%、前 25%、前 50%和后 50%的家庭资产负债情况，收入前 1% 的家庭资产、负债、住房贷款和家庭杠杆率都最高，随着收入下降，家庭资产、负债、房贷有所下降，但是收入后 50% 的家庭杠杆率并未随着收入减少而下降，收入后 50% 的家庭杠杆率（77.5%）高于收入前 50% 的家庭（74.62%），住房债务一直是重要的家庭债务。由此可见，不同收入家庭中资产负债分布失衡，家庭杠杆率呈"两头高、中间低"的趋势，高收入和低收入家庭杠杆率高，中等收入家庭会随着收入下降而降低家庭杠杆率。

表 6 - 2   2018 年不同收入人群的家庭资产负债情况

指标	收入前 1%	收入前 10%	收入前 25%	收入前 50%	收入后 50%
家庭总资产（万元）	263.32	187.63	131.66	95.03	24.42
家庭总房产（万元）	231.61	166.71	117.08	84.47	22.3
家庭总负债（万元）	20.01	13.08	9.16	6.64	2.07
银行住房贷款（万元）	11.92	8.18	5.53	3.71	0.54
房款相关债务（万元）	15.06	10.14	7.00	4.91	1.15
房款债务占总负债比（%）	71.80	71.53	65.78	60.88	47.09
家庭杠杆率（%）	137.28	97.20	83.74	74.62	77.50

资料来源：2018 年 CFPS 数据库。

为了具体地分析不同收入家庭的资产负债情况，本节还将 2018 年家庭收入进行 25%、50% 和 75% 的四等分组，描述不同收入组的家庭净资产比、杠杆率和房款占比情况（见表 6 - 3）。随着收入增加，家庭净资产比增加，居民杠杆率在家庭收入 2.3 万元以下和 80 万元以上的家庭中达到 80% 以上，2.3 万元以下的低收入家庭杠杆率最高为 85.07%，这与表 6 - 2 中的统计结果相符，低收入家庭受到收入约束，消费支出具有刚性，加上房产价格上涨和住房贷款占比较高，家庭杠杆率较高，因为低收入家庭金融资产较少，所以高债务负担使家庭更加脆弱，更容易受到外部冲击的影响，因此，应该关注低收入家庭的偿债风险。住房借款占家庭债务的比重随着收入增加而上升，80 万元以上的高收入家庭房款占负债的比重最大为 65.78%。由此可见，房产在家庭资产负债配置中发挥着重要作用，收入阶层不同的家庭，资产负债配置结构也不同，还需进一步实证检验影响家庭债务和杠杆率的因素和影响机制。

表 6 – 3   2018 年不同收入家庭的资产负债情况

家庭收入	2.3 万元以下	2.3 万 ~ 4.8 万元	4.8 万 ~ 80 万元	80 万元以上
家庭净资产比（%）	76.95	77.78	82.61	83.14
家庭杠杆率（%）	85.07	69.94	64.10	83.74
房款债务占总负债比（%）	46.75	47.37	53.36	65.78

资料来源：2018 年 CFPS 数据库。

2. 模型设定与数据说明

本节的实证检验是从微观视角分析影响家庭债务的因素，主要从家庭负债的成本和收益的角度考虑家庭资产负债配置情况，即贷款利率和房价增长率对家庭债务的影响，在理论模型的基础上，借鉴周利和王聪（2017）以及宋明月和臧旭恒（2020）的做法，构建以下回归模型：

$$\ln houseloan_{it} = \beta_0 + \beta_1 \ln hpr_{it} + \beta_2 debt\_rate_{it} + \beta_3 r_{it}^h + \beta_4 X_{it} + \mu_i + \varepsilon_{it}$$

$$(6-1)$$

式（6 – 1）中，i 表示家庭，t 表示时间，μ_i 表示不随时间变化不可观测的固定效应，ε_{it} 是随机扰动项。公式中被解释变量是待偿房贷本息总额（$houseloan$）、家庭购房借款（$housedebt$）和家庭总负债（$totaldebt$），回归模型对变量取了对数。[①] 主要的解释变量是住房价格取对数（$\ln hpr$）、长期贷款利率（$debt\_rate$）和房价增长率（r^h），其中住房价格是目前家庭住房的市场价值除以居住面积；贷款利率是省级 5 年以上中长期实际贷款利率，为 5 年以上中长期贷款基准利率减去省份通货膨胀率；考虑到家庭样本的可持续性和数据科学性，本节选取 2014—2016 年和 2016—2018 年的省级商品房住宅平均销售价格增长率，代表家庭商品住房价值的升值率，贷款利率数据和省级住房价格数据均来源于国家统计局和 Wind 数据库。X 是一组影响家庭债务的控制变量，参考研究居民债务水平的相关文献，回归模型中加入了家庭特征变量（家庭收入、少儿抚养比、老人抚养比），户主特征变量（户主的受教育年限、工作、性别、户口、

———————

① 家庭购房借款是家庭购买或建造住房时产生的所有债务，包括银行住房贷款，亲戚借款和民间借贷等。

年龄、婚姻和健康）等控制变量。在数据处理方面，本书从居民住房入手，研究家庭债务的影响因素，因此，保留了家庭成员拥有完全产权的家庭样本，删除了受访者不知道家庭住房价格、成本和面积的家庭，为了剔除异常值的影响，本书对变量进行了 2% 的缩首缩尾处理（见表 6-4）。

表 6-4 家庭债务的描述性统计

变量	变量名	变量解释	均值	标准差	最大值	最小值	观测值
被解释变量	houseloan	待偿房贷本息额（万元）	4.61	9.88	33	0	2939
	housedebt	家庭购房借款（万元）	7.06	13.02	233	0	2823
	totaldebt	家庭总负债（万元）	10.64	258454	390	0	2823
解释变量	hpr	住房价格（元）	4760.16	7438.4	40000	120	2939
	r^h	房产升值率（%）	21.35	0.13	59.6	0.3	1958
	debt_rate	中长期贷款实际利率（%）	3.36	0.70	4.65	1.7	2926
控制变量	lnincome	家庭收入取对数	10.77	0.96	12.61	2.30	2926
	young	家庭少儿抚养比	0.30	0.43	3	0	2730
	old	家庭老人抚养比	0.17	0.44	2	0	2747
	education	户主受教育年限	8.30	5.01	22	0	2766
	work	户主是否工作（是 =1，否 =0）	0.79	0.40	1	0	2804
	gender	户主性别（男 =1，女 =0）	0.52	0.50	1	0	2858
	hukou	户主是否是非农户口（是 =1，否 =0）	0.32	0.47	1	0	2752
	age	户主年龄（岁）	45.76	13.98	96	1	2858
	marriage	户主是否结婚（是 =1，否 =0）	0.89	0.32	1	0	2779
	health	户主是否健康（不健康到非常健康以 1～5 依次赋值）	3.03	1.18	5	1	2836

资料来源：2014 年、2016 年、2018 年 CFPS 数据库。

由表 6-4 可知，银行住房贷款或家庭购房借款是家庭总债务的重要组成部分，家庭购房借款占总债务的比重超过 80%，因此，研究中国家庭债务情况，就必须考虑房价的变动。由描述性统计可知，房价标准差较大，表示房价波动幅度较大，并且房价增长率超过20%，5年期中长期贷款实际利率均值为3.36%。微观调查数据反映了中国家庭现实情况，样本选取具有一定代表性。

3. 实证结果分析

本节对计量模型（6-1）进行了实证检验，采用的实证计量方法与第四章一致，本书对回归模型的省份、年份固定效应进行了控制，考虑到异方差，本书所有实证结果都作了稳健标准误估计。同时，本节还进行了异质性分析，检验不同家庭债务的影响因素。

表6-5的实证结果是全样本的家庭债务影响因素分析结果，被解释变量是家庭的银行住房贷款，第（1）至第（2）列是住房价格对银行住房贷款的影响，第（1）、第（3）、第（5）列未控制其他影响因素，第（2）、第（4）、第（6）列加入了控制变量，由回归结果可知，住房价格越高，家庭债务负担越重。房产价格和家庭债务显著正相关，主要有以下两个方面原因：一方面，住房价格上涨，家庭购房所需资金增加，家庭债务负担加重；另一方面，对于住房投资的家庭来说，房价增长意味着房地产投资收益增加，家庭提高杠杆率、增加债务投资房地产。第（3）至第（4）列加入了省级房价增长率，回归结果与第（1）至第（2）列一致，房价增长率越高，家庭债务水平越高，由此可知，房地产价格是影响家庭债务水平的重要因素。当家庭决策债务水平时，最先考虑的是负债成本问题，即贷款利率水平，如果贷款利率较低，则负债成本降低，家庭债务增加，反之相反。回归结果第（5）至第（6）检验了中长期贷款实际利率对家庭债务的影响，由回归结果可知，贷款利率与家庭债务显著负相关，利率越低，家庭债务越高，这也验证了本书提出的假设4，即在长期利率下行的背景下，家庭融资成本下降，家庭债务增加。基准回归结果从家庭债务的成本和收益出发，探究了长期贷款利率和房价对家庭债务的影响，实证结果发现利率和房价是家庭决策债务水平的重要因素。

表 6 – 5　　　　　　　　　　家庭债务影响因素的基准回归

参数	（1） lnhouseloan	（2） lnhouseloan	（3） lnhouseloan	（4） lnhouseloan	（5） lnhouseloan	（6） lnhouseloan
$lnhpr$	0.663 ***	0.425 ***				
	（0.063）	（0.074）				
r^h			0.712 *	0.751 **		
			（0.399）	（0.327）		
$debt\_rate$					– 0.421 ***	– 0.329 ***
					（0.092）	（0.084）
$lnincome$		0.262 ***		0.411 ***		0.390 ***
		（0.071）		（0.068）		（0.063）
$young$		0.041		0.102		0.066
		（0.076）		（0.086）		（0.089）
old		0.059		0.065		0.106
		（0.148）		（0.191）		（0.175）
$education$		0.026 **		0.062 ***		0.054 ***
		（0.013）		（0.013）		（0.015）
$work$		– 0.008		– 0.057		– 0.009
		（0.108）		（0.133）		（0.121）
$gender$		0.000		– 0.024		– 0.029
		（0.079）		（0.091）		（0.084）
$hukou$		0.247 ***		0.267 ***		0.340 ***
		（0.093）		（0.097）		（0.096）
age		– 0.013 **		– 0.007		– 0.012 **
		（0.006）		（0.006）		（0.006）
$marriage$		– 0.009		– 0.066		– 0.109
		（0.108）		（0.136）		（0.121）
$health$		0.005		– 0.006		0.041
		（0.040）		（0.047）		（0.044）
省份固定效应	是	是	是	是	是	是
时间固定效应	是	是	是	是	是	是
控制变量	否	是	否	是	否	是
常数项	18.313	26.474	– 15.019	110.376	122.368	157.239
	（48.877）	（51.759）	（89.007）	（86.598）	（86.907）	（83.627）
观测值	706	635	515	475	701	631

注：括号中是稳健标准误；*** 表示 p < 0.01，** 表示 p < 0.05，* 表示 p < 0.1。

资料来源：CFPS 数据库。

除了贷款利率和房价变动这两个重要因素影响家庭债务外，通过表6-5的实证结果，可以发现一些其他特征变量影响家庭债务水平。家庭收入水平越高，家庭债务越多，这与本节的描述性统计一致，家庭收入越高，房产投资、房产债务越高；家庭户主的受教育程度越高，家庭债务越多，这可能是因为户主受教育年限与家庭收入正相关，进而影响家庭债务；户主是非农户口的家庭债务相对较高，因为城镇户口居民买房需求更大；家庭户主年龄越大，家庭债务水平越低，这与家庭生命周期相符，年轻人收入低、风险偏好高，有时间和偿还潜力，因此，年轻人更倾向于借贷消费和投资。综上所述，控制变量的经济意义与现实相符。

为了具体地分析不同家庭房产价格、贷款利率对家庭债务的影响，本节对家庭债务进行了异质性分析，将家庭拥有一套房产和多套房产划分为两个子样本，对计量模型（6-1）进行了实证检验（见表6-6）。

表6-6   不同房产家庭债务负担的异质性分析

参数	（1）一套房产 *lnhouseloan*	（2）多套房产 *lnhouseloan*	（3）一套房产 *lnhouseloan*	（4）多套房产 *lnhouseloan*	（5）一套房产 *lnhouseloan*	（6）多套房产 *lnhouseloan*
lnhpr	0.541 *** (0.048)	0.298 * (0.166)				
r^h			1.255 *** (0.336)	0.322 (0.681)		
debt_rate					−0.321 *** (0.092)	−0.515 *** (0.183)
省份固定效应	是	是	是	是	是	是
时间固定效应	是	是	是	是	是	是
控制变量	是	是	是	是	是	是
常数项	−81.349 (52.338)	99.087 (118.800)	−2.412 (93.483)	125.340 (179.920)	16.000 (83.157)	367.654 * (188.148)
观测值	434	201	329	146	430	201
R^2	0.612	0.248	0.505	0.288	0.509	0.240

注：括号中是稳健标准误；*** 表示 $p < 0.01$，** 表示 $p < 0.05$，* 表示 $p < 0.1$。

资料来源：CFPS 数据库。

第（1）至第（2）列，住房价格上涨使家庭债务水平显著上升，住房价格变动对一套房的家庭债务影响更大，中国家庭购房需求与西方国家不同，"老有所居""安居乐业"的传统思想影响家庭消费决策，无论是家庭成员居住，还是子代继承，购房需求在中国家庭中具有刚性，因此，住房价格对首套房家庭来说，预算约束较强时，房价越高，家庭住房贷款越多，然而拥有一套以上房产的家庭预算约束较小，因此，房产价格变动对房贷影响相对较小。由第（3）至第（4）列回归结果可知，房价增长率对房贷的影响在首套房家庭中更大、更显著，这进一步印证了第（1）至第（2）列的实证结果，首套房家庭的购房需求弹性小，房价升值变动对家庭杠杆率影响更大。第（5）至第（6）列中加入了中长期贷款利率，贷款利率与家庭债务水平显著负相关，并且在多套房家庭中，利率对住房贷款的影响更大，这体现了房产的投资需求，银行贷款利率下行使家庭借贷成本下降，家庭衡量房产升值收益和贷款利息成本，决定家庭债务水平，实现家庭收益和效用最大化。

本节对家庭进行了异质性检验，回归结果如表6-7和表6-8所示。实证检验中本节按照家庭收入高低，将家庭分为两组，高收入家庭和低收入家庭。[①] 回归结果分别显示了不同收入家庭住房贷款利率、房价增长率和房产价格对家庭住房贷款的影响。由第（1）至第（2）列可知，高收入家庭债务对利率敏感程度更高，贷款利率下降，高收入家庭的住房贷款增加，这在一定程度上体现了房产在中国家庭中的投资性质，高收入家庭杠杆率越高，利率对家庭债务的影响更显著，这也与上文实证检验结果一致；由第（3）至第（6）列回归结果可得，低收入家庭债务对房价变动更敏感，这可能与低收入家庭预算约束有关，购房需求是大部分中国家庭基本的消费需求，需求弹性小，当家庭收入水平较低时，房产价格升高使居民杠杆率上升，家庭增加借贷以满足购房需求。

---

① 2014年家庭收入高于42000元为高收入家庭，低于42000元为低收入家庭；2016年家庭收入高于50000元为高收入家庭，低于50000元为低收入家庭；2018年高于60000元为高收入家庭，低于60000元为低收入家庭。

表 6－7　　　　　　　　不同收入家庭债务负担的异质性分析

参数	（1） 高收入 *lnhouseloan*	（2） 低收入 *lnhouseloan*	（3） 高收入 *lnhouseloan*	（4） 低收入 *lnhouseloan*	（5） 高收入 *lnhouseloan*	（6） 低收入 *lnhouseloan*
debt_rate	－ 0.381 *** （0.094）	－ 0.310 （0.218）				
lnhpr			0.400 *** （0.096）	0.488 *** （0.084）		
r^h					0.692 * （0.385）	1.490 *** （0.560）
省份固定效应	是	是	是	是	是	是
时间固定效应	是	是	是	是	是	是
控制变量	是	是	是	是	是	是
常数项	241.491 ** （97.770）	－ 238.488 （173.416）	66.870 （63.029）	－ 275.40 *** （98.283）	149.309 （109.491）	－ 195.086 （151.854）
观测值	451	180	455	180	337	138
R^2	0.269	0.494	0.325	0.581	0.279	0.510

注：括号中是稳健标准误；*** 表示 $p < 0.01$，** 表示 $p < 0.05$，* 表示 $p < 0.1$。

资料来源：CFPS 数据库。

表 6－8 检验了城镇和乡村家庭贷款利率、房产购买价格和房产升值率对家庭债务的影响，由回归结果可知，城镇家庭中贷款利率、房价变动对住房贷款影响更显著，然而农村家庭影响不显著。城镇和农村明显的异质性体现了家庭债务负担的非均衡性，根据描述性统计，城镇家庭杠杆率均值为 1.58，农村家庭杠杆率为 1.35，城镇家庭购置房产较多，相应地杠杆率也较高，而且近年来城市房价快速增长，农村宅基地和农业用地界限清晰，村民禁止在非宅基地上建造房屋，因此，贷款利率和房价增长率对城镇家庭债务的影响更大。

表6-8　　　　　　　**不同城乡家庭债务负担的异质性分析**

参数	（1）城市	（2）农村	（3）城市	（4）农村	（5）城市	（6）农村
	lnhouseloan	*lnhouseloan*	*lnhouseloan*	*lnhouseloan*	*lnhouseloan*	*lnhouseloan*
debt_rate	-0.389 ***	-0.368				
	(0.088)	(0.281)				
lnhpr			0.585 ***	0.260		
			(0.058)	(0.164)		
r^h					1.370 ***	-0.136
					(0.368)	(0.657)
省份固定效应	是	是	是	是	是	是
时间固定效应	是	是	是	是	是	是
控制变量	是	是	是	是	是	是
常数项	157.525 *	1.086	-28.677	-109.699	74.939	-240.559
	(82.125)	(267.478)	(48.427)	(150.219)	(93.144)	(233.404)
观测值	443	165	447	165	338	121
R^2	0.328	0.337	0.465	0.356	0.311	0.422

注：括号中是稳健标准误；*** 表示 p<0.01，** 表示 p<0.05，* 表示 p<0.1。

资料来源：CFPS 数据库。

综合表6-6、表6-7和表6-8的异质性分析结果，可知在拥有多套房产、高收入水平和城镇家庭中，贷款利率对家庭债务影响更大，利率下降使家庭杠杆率上升，这体现了房产的投资性质。在首套房家庭、低收入家庭中，房价升值对家庭债务影响更显著，房价增长越快，家庭债务增长越快，这体现了房产的消费性质，同时，房价增长率越高说明投资收益越高，这在一定程度上体现了房产的投资性质。因此，在家庭生命周期的规划中，无论家庭拥有几套住房、家庭收入高低、处于农村还是城市，在长期利率下行、房价升值的背景下，中国家庭出于消费动机和投资动机，都会选择提高家庭杠杆率、增加家庭债务负担，用来满足家庭消费，实现家庭效用最大化。

4. 稳健性和内生性检验

为了检验研究结果的可信性和普适性，本节对实证结果进行了稳健性和内生性检验，实证结果都进一步证明了研究假设，说明实证结果具有可信性。

稳健性检验中，将被解释变量进行替换，计量模型（6-1）中，家庭待偿房贷是核心被解释变量，衡量了家庭杠杆率水平，体现家庭债务负担情况。考虑到整体家庭债务水平和杠杆率，本节将家庭购房借款和家庭总债务作为被解释变量，衡量家庭债务负担，采取相同的回归方法进行稳健性检验（见表6-9）。

表6-9 家庭债务影响的稳健性分析

参数	（1）房产债务 lnhousedebt	（2）房产债务 lnhousedebt	（3）房产债务 lnhousedebt	（4）家庭债务 totaldebt	（5）家庭债务 totaldebt	（6）家庭债务 totaldebt
$lnhpr$	0.457 *** (0.050)			0.429 *** (0.038)		
r^h		0.582 * (0.320)			1.061 *** (0.282)	
$debt\_rate$			-0.120 (0.077)			-0.142 * (0.082)
省份固定效应	是	是	是	是	是	是
时间固定效应	是	是	是	是	是	是
控制变量	是	是	是	是	是	是
常数项	18.932 (49.846)	-81.852 (90.811)	-7.645 (77.477)	-86.267 ** (43.023)	-104.925 (85.220)	-93.768 (69.900)
观测值	1214	826	1207	1385	949	1378

注：括号中是稳健标准误；*** 表示 $p < 0.01$，** 表示 $p < 0.05$，* 表示 $p < 0.1$。

资料来源：CFPS 数据库。

第（1）至第（3）列被解释变量为家庭购房借款的对数，其中包含银行住房贷款和购房的亲戚借款，由回归结果可得房价和房价增长率对家庭住房债务负担有显著正影响，贷款利率与住房债务显著负相关，这符合本书提出的假设4。第（4）至第（6）列考虑了家庭全部债务水平，被解释变量是家庭总债务额取对数，房价、房价增长率和实际贷款利率对家庭总债务的影响与前述实证结果一致。稳健性检验结果验证了上文实证结果具有可信性。

本章实证结果中可能存在由遗漏解释变量、测量误差和反向因果引起的内生性问题。本书在解决内生性问题时控制了时间和省份固定效应，尽量减少不可观测的遗漏变量导致的回归结果偏误。房价变动和房产升值情况对家庭债务的影响可能存在反向因果，因此，本书选取了工具变量来验证实证结果的可信性。

近年来，房地产价格快速增长，房价与建筑成本并不匹配，房地产价格之所以高涨，是因为受到土地资源的限制，近十多年来，地方政府依靠拍卖土地获得财政收入，拍卖价格越高，房地产开发商的建筑成本越高，房价也随之高涨，而土地拍卖收入是地方政府的主要财政收入。地方政府通过拍卖获得的财政收入越高，房地产成本越高，房价增长越快，房价增长率越高。因此，本书选取省级地方政府一般公共预算收入作为房价增长率的工具变量，政府财政收入与土地拍卖和房产价格正相关，而与家庭债务无关，符合工具变量的设定。工具变量的回归结果如表6-10所示，第（1）列显示房价增长率上升显著地增加家庭债务；第（2）列采用了面板工具变量的估计方法，结果显示工具变量政府财政收入对家庭房贷的影响显著为正；第（3）列采用了两阶段工具变量法，实证结果稳健，并且通过第一阶段F值，说明不存在弱工具变量的问题。

表6-10　　　　房价增长率对家庭债务的影响：工具变量法

参数	（1）	（2）	（3）
	lnhouseloan	*lnhouseloan*	*lnhouseloan*
r^h	0.751 **		
	(0.327)		
ivr^h		5.40 **	5.01 ***
		(1.67)	(1.273)
控制变量	是	是	是
时间固定效应	是	是	是
省份固定效应	是	是	是
观测值数	475	475	475
第一阶段 F 值	—	—	50.11

注：括号中是稳健标准误；*** 表示 $p<0.01$，** 表示 $p<0.05$，* 表示 $p<0.1$。

资料来源：CFPS 数据库。

考虑贷款利率对家庭房贷的反向因果问题，家庭住房贷款普遍增加，货币需求增加，按照古典利率理论，资本价格即利率水平上升，但是贷款基准利率是央行制定的货币政策，当社会整体负债过高时，央行的货币政策受到掣肘，政策制定者考虑到加息后，高债务负担人群的偿债能力减弱，一般来说，为了防止贷款断供，央行不会提高贷款利率，利率水平保持不变或下行趋势。因此，从贷款利率对房贷影响的角度来看，反向因果的内生性问题不影响主回归结果。以上稳健性和内生性检验均验证了实证结果的可信性和科学性，家庭债务主要受房价、房价增长率和利率水平的影响，房价和房价增长率越高，家庭住房贷款越多，贷款利率越低，家庭融资成本越低，家庭债务增长越快。稳健性和内生性检验验证了本书提出的假设4。

本节实证检验了当利率下行时微观家庭债务的影响因素，研究结果表明房地产价格、房价增长率和利率水平是影响家庭债务的主要因素。实证结果解释了当前中国在低利率、高房价背景下，家庭杠杆率过快增长的事实，旺盛的购房需求不仅满足了中国家庭的消费需求，还满足了家庭的投资需求，尤其是在多套房家庭、高收入家庭和城镇家庭。中国家庭80%以上资产是房地产资产，房产的投资需求增加使家庭债务对房价增长率和贷款利率变动更加敏感，家庭在房产投资的成本和收益之间进行衡量，当房价增长率不断上升，贷款利率不断下降时，房产投资收益增加，家庭债务水平上升。中国长期利率下行导致家庭杠杆率上升，根据债务通缩和金融不稳定假说，过高的房地产价格容易引发房地产泡沫，过高的家庭债务会降低居民的抗风险能力和消费水平，导致金融风险增加。因此，在长期利率下行的背景下，应该有效控制家庭杠杆率和房价过快增长，引导家庭合理配置资产和负债。

6.2.2 利率、房价与家庭债务——省级面板数据分析

上文从微观家庭的角度，研究了中国家庭高债务的主要原因，中国长期利率下行和房产价格高涨导致家庭杠杆率逐年攀升。在大多数中国家庭中，购房需求既满足了消费需求，又满足了投资需求。家庭在房产

投资时需要考虑投资的成本和收益，房产投资的成本即房贷借款成本，贷款利率越高，借贷成本越高，贷款利率越低，借贷成本越低；房产投资的收益即房价增长率，房价增长越快，买卖房产获得的收益越多，随着时间变动房价增长率下降，则买卖房产获得的收益减少。因此，家庭购房投资需求实际上体现了房价增长率和利率的关系。利率水平和房价增长率如何影响家庭债务，在利率下行的背景下如何抑制过快增长的居民杠杆率，这是本节主要探讨的核心问题。

1. 模型设定与数据说明

（1）模型设定。

本节从宏观的视角分析利率、房产价格对家庭债务的影响，上文分析了微观家庭债务的影响因素，在理论模型的基础上，构建以下回归模型：

$$\ln debt_{it} = \beta_0 + \beta_1 \ln hpr_{it} + \beta_2 \, realrate\_5_{it} + \beta_3 X_{it} + \mu_i + \varepsilon_{it} \quad (6-2)$$

式（6-2）中，i 是家庭，t 表示时间，μ_i 表示不随时间变化不可观测的固定效应，ε_{it} 是随机扰动项。公式中被解释变量是个人消费贷款取对数（$\ln debt$），主要的解释变量是房地产价格取对数（$\ln hpr$）和 5 年期以上中长期贷款实际利率（$realrate\_5$），X 是一组影响家庭债务的控制变量，参考研究家庭债务的文献，回归模型中加入了少儿抚养比、老人抚养比、居民可支配收入、居民储蓄率、居民消费、消费者价格指数等控制变量。考虑到省份不随时间变动的固定效应和模型存在的内生性问题，回归模型分别采用了固定效应模型和动态面板 GMM 估计，考虑到异方差，实证结果都作了稳健标准误估计。

（2）数据说明。

在此，选用了 2003—2019 年 31 个省、市、自治区的面板数据，数据来源包括国家统计局年鉴、国家统计局官网、中国人民银行官网。因为个人消费贷款余额自 2003 年开始公布，所以本书选取 2003—2019 年数据进行实证检验。实证过程中对缺失值和异常值进行了处理，共计 447 个观测值，主要的变量描述性统计如表 6-11 所示。

表 6 - 11 省级面板数据描述性统计

变量	变量名	变量解释	均值	标准差	最大值	最小值	观测值
被解释变量	lndebt	个人消费贷款取对数	7.34	1.65	11.01	1.03	447
	leverage	居民杠杆率	0.18	0.12	0.598	0.002	447
解释变量	lnhpr	房地产价格取对数	8.23	0.73	10.53	6.59	481
	realrate_5	5 年期以上中长期贷款实际利率（%）	3.69	2.08	11.16	-6.1	552
控制变量	young	家庭少儿抚养比	26.46	9.21	59.26	9.64	524
	old	家庭老人抚养比	12.24	3.05	22.70	5.84	524
	lnincome	居民可支配收入取对数	9.28	0.84	11.15	7.25	552
	saving_rate	居民储蓄率（%）	26.04	5.90	43.23	3.93	552
	lncon	居民消费取对数	8.98	0.81	10.73	7.18	552
	cpi	消费者物价指数	2.65	2.94	21.4	-3.60	552
	lnm2	广义货币量取对数	13.28	0.99	14.5	11.01	555
	lnfiscal	政府财政收入取对数	6.43	1.62	9.45	0.77	555

资料来源：Wind 数据库，国家统计局官网。

被解释变量是衡量家庭债务水平的变量，选取个人消费贷款余额和居民杠杆率作为被解释变量，个人消费贷款余额为各省份区域金融报告中金融机构各项贷款余额项目下的子项，数据来源于 Wind 数据库和中国人民银行官网。理论上居民债务包括金融机构个人消费贷款和个人经营贷款，由于数据的可得性，个人消费贷款是居民债务的重要组成部分，且大部分消费贷款是住房贷款，本节将个人消费贷款余额作为居民债务的代表变量，该数据为月度数据，本节选用省份年度数据。由于国际清算银行（BIS）并未公布中国省份居民杠杆率，本节根据定义，居民杠杆率用个人消费贷款与地区生产总值的比值来表示。表 6 - 12 描述了2003—2019 年个人消费贷款和居民杠杆率的动态变化，个人消费贷款和居民杠杆率呈逐年递增趋势，2013—2019 年快速增长，2019 年个人消费贷款是 2003 年个人消费贷款的 25 倍，两个变量的中位数均小于均值，由此可见个人消费贷款存在明显的非均衡性。

表 6 – 12 2003—2019 年中国个人消费贷款和居民杠杆率变化

年份	个人消费贷款（均值，亿元）	个人消费贷款（中位数，亿元）	居民杠杆率（均值,%）	居民杠杆率（中位数,%）
2003	500. 27	253. 3	9. 98	8. 64
2009	1719. 57	1024. 6	12. 64	10. 8
2013	3747. 14	2677. 1	16. 95	13. 95
2019	12652. 88	9080	36. 44	35. 29

资料来源：Wind 数据库，国家统计局官网。

解释变量是影响家庭债务的重要变量，根据上文实证检验可知，房地产价格和贷款利率是影响家庭债务的重要因素，因此，本节选取省份房屋平均销售价格和 5 年以上中长期贷款实际利率两个变量进行实证分析，房屋平均销售价格指住宅房屋价格，数据来源于 Wind 数据库，根据描述性统计，2003 年房屋平均售价为 1804. 51 元/平方米，房价逐年递增，2018 年房价增长至 9542. 45 元/平方米。本书之所以选择 5 年以上中长期贷款利率，是因为贷款利率与消费贷款金额相关，且消费贷款中大部分住房贷款是中长期贷款，为了体现不同省份利率的异质性，并且剔除通货膨胀的影响，本书计算了中长期贷款的实际利率，即贷款利率减去消费者价格指数（CPI）。长期来看，中长期贷款实际利率呈下行趋势，贷款利率由 2003 年的 4.5% 下降至 2019 年的 2.14%。

控制变量是其他影响家庭债务的变量，本书参考周利和王聪（2018），田新民（2016）的做法，将人口年龄结构、家庭经济状况等变量加入计量模型。人口年龄结构包含少儿抚养比和老人抚养比，即 1 ~ 14 岁少儿占劳动人口的比重，65 岁以上老年人占劳动人口的比重；家庭经济水平变量包括居民可支配收入、家庭储蓄率、居民消费和居民消费价格。实证模型的稳健性和内生性检验选用了货币供应量和省份一般公共预算收入变量，数据均来源于国家统计局官网。

2. 实证结果分析

（1）基准回归结果。

本节采用省级面板数据检验利率和房产价格对家庭债务的影响，考虑到省份间不可观测的固定效应，因此，本节采用固定效应模型进行估计。同时，考虑到家庭债务的序列相关性和所选数据是宽截面、长时间序列数据，因此，本节采用动态面板 GMM 估计，广义矩估计可以解决一部分内生性问题，以保证估计结果的一致性，基准回归结果如表 6 - 13 所示。

表 6 - 13 省份家庭债务影响因素的基准回归

参数	固定效应			GMM		
	（1）	（2）	（3）	（4）	（5）	（6）
	lndebt	lndebt	lndebt	lndebt	lndebt	lndebt
lnhpr	0.952 ***		0.988 ***	0.950 ***		1.051 ***
	(0.316)		(0.289)	(0.265)		(0.246)
realdebt_5		-0.089 **	-0.108 ***		-0.078 ***	-0.113 ***
		(0.037)	(0.029)		(0.028)	(0.027)
L. lndebt				0.238	0.334	0.197
				(0.170)	(0.215)	(0.162)
young	0.002	-0.013	-0.004	0.001	7.377 **	-0.006
	(0.013)	(0.018)	(0.014)	(0.013)	(3.728)	(0.012)
old	0.048 ***	0.045 **	0.038 **	0.023	-0.088 *	0.002
	(0.016)	(0.021)	(0.017)	(0.014)	(0.047)	(0.015)
lnincome	3.872	7.095	3.158	6.148 **	-6.393 *	5.699 *
	(5.060)	(5.582)	(5.209)	(3.047)	(3.589)	(2.921)
saving_rate	-0.049	-0.082	-0.040	-0.078 *	-0.081 ***	-0.075 *
	(0.070)	(0.076)	(0.072)	(0.040)	(0.026)	(0.039)
lncon	-2.978	-5.527	-2.360	-5.609 *	-0.030 *	-5.246 *
	(5.109)	(5.615)	(5.280)	(3.044)	(0.018)	(2.936)
cpi	-0.033 ***	-0.099 ***	-0.124 ***	-0.018 ***	0.027	-0.119 ***
	(0.008)	(0.034)	(0.028)	(0.004)	(0.019)	(0.026)
常数项	-9.426 ***	-6.879 ***	-7.943 ***	-7.440 ***	-3.231	-6.076 ***
	(0.985)	(1.817)	(1.147)	(2.079)	(2.811)	(1.788)
观测值	491	491	491	427	427	427

注：括号中是稳健标准误；*** 表示 p < 0.01，** 表示 p < 0.05，* 表示 p < 0.1。
资料来源：国家统计局。

第（1）至第（3）列采用固定效应模型对计量模型式（6－2）进行估计，根据回归结果可知，房产价格与家庭债务显著正相关，房产价格越高，家庭债务水平越高；5 年以上中长期贷款利率与家庭债务显著负相关，利率水平越低，家庭债务越高，第（3）列将住房价格和贷款利率同时加入模型中，可以得到稳健的回归结果。第（4）至第（6）列采用差分 GMM 估计方法，分析了住房价格和贷款利率对家庭债务的影响，估计结果表明，住房价格对家庭债务有显著正影响，而中长期贷款利率对债务有显著负影响。无论采用固定效应模型，还是采用 GMM 估计，回归结果均稳健，并且省级宏观数据与家庭微观数据估计结果一致，这进一步验证了住房价格、利率水平是影响家庭债务的重要变量。

（2）异质性检验。

中国幅员辽阔，经济发展呈显著的非均衡性和地域差异性特征，因此，本节将面板数据进行分组，进一步研究在不同区域内住房价格和利率对家庭债务影响的差异。本节实证数据涉及 31 个省、自治区、直辖市，各省份经济发展水平、住房价格和居民债务负担都有很大差异。本节考虑地理位置和经济发展水平，参考通行的划分标准，将中国 31 个省份划分为东北地区、东部地区、中部地区和西部地区。东北地区包括黑龙江、吉林和辽宁 3 个省份，东部地区包括北京、天津、河北、上海、江苏、浙江、福建、山东、广东和海南 10 个省份，中部地区包括山西、内蒙古、安徽、江西、河南、湖北、湖南和广西 8 个省份，西部地区包括四川、重庆、贵州、云南、西藏、陕西、甘肃、青海、宁夏和新疆 10 个省份。

本节对四个地区居民债务、居民杠杆率、住房价格和中长期贷款实际利率进行了描述性统计，见表 6－14。根据区域描述性统计可知，东部地区的家庭债务最多、居民杠杆率最高，东部地区家庭债务和居民杠杆率远大于其他地区，家庭债务分布呈现明显的区域非均衡特征。住房价格东部地区最高，其次是东北地区、中部地区和西部地区，东部地区房价明显较高，其他三个地区房价差异不大，房价增长率是两年间房价增长率，东部地区房产升值最快，其次是中部地区、西部地区和东北地区。5 年期以上中长期贷款实际利率在省级区域中差别不大，东部地区实际利率最高，其次是东北地区、中部地区和西部地区。下文将实证检验，进一步分析不同区域间利率和房产价格对家庭债务的影响差异。

表 6 – 14   2003—2019 年区域家庭债务和住房价格描述性统计

指标	东北地区	东部地区	中部地区	西部地区
居民个人消费贷款（亿元）	2068.94	7491.34	3135.16	1700.89
家庭杠杆率（%）	13.51	23.26	13.00	15.25
住房价格（元/平方米）	3849.19	8181.90	3507.17	3373.47
房价增长率（%）	6.98	10.16	8.75	7.77
5 年以上中长期贷款实际利率（%）	3.49	3.58	3.36	3.26

资料来源：Wind 数据库，国家统计局官网。

本节实证检验了不同区域房价和利率对家庭债务的影响，回归结果见表 6 – 15，实证模型采用了固定效应模型，根据回归系数可得，中长期实际贷款利率对家庭债务有显著的负向影响，东北地区中长期贷款利率对家庭债务影响系数最大，其次是西部地区、中部地区和东部地区。住房价格对家庭债务有显著的促进作用，其中影响最大的地区为东北地区，其次是西部、中部和东部地区。这与区域间的房价增长率和家庭债务水平负相关，在四个区域中，东北地区的房价增长率最低，东北地区家庭债务对房价的敏感程度最高，东北地区和西部地区的家庭债务规模较小，因此，东北和西部地区家庭债务对利率的敏感程度较大。东部地区居民杠杆率和房价增长率最高，与其他地区相比，房价和利率变动对家庭债务的影响系数小。这与中国区域发展"不充分、非均衡"相关，呈现明显的区域特征，由此可以推测，在利率下行和房价上涨的趋势下，东北地区、西部地区和中部地区将是未来家庭债务增加、居民杠杆率上升的主要地区。

表 6 – 15   家庭债务影响因素的区域异质性分析

参数	（1）东北	（2）东部	（3）中部	（4）西部
	lndebt	lndebt	lndebt	lndebt
realrate_5	– 0.161 *	– 0.051 **	– 0.157 ***	– 0.160 ***
	(0.039)	(0.019)	(0.031)	(0.044)
lnhpr	1.811 **	0.636 **	1.133 ***	1.453 ***
	(0.332)	(0.278)	(0.148)	(0.145)

参数	（1） 东北	（2） 东部	（3） 中部	（4） 西部
	lndebt	*lndebt*	*lndebt*	*lndebt*
young	0.088 **	0.006	0.057	− 0.023
	（0.020）	（0.018）	（0.034）	（0.013）
old	− 0.069 *	0.040 ***	− 0.025	− 0.015
	（0.022）	（0.011）	（0.019）	（0.045）
lnincome	− 46.005 **	17.175	10.086	12.352 *
	（8.144）	（14.824）	（12.735）	（6.107）
saving_rate	0.660 **	− 0.251	− 0.120	− 0.166 *
	（0.100）	（0.214）	（0.152）	（0.087）
lncon	46.631 **	− 16.140	− 8.935	− 11.889 *
	（8.370）	（14.868）	（12.854）	（6.093）
cpi	− 0.187 **	− 0.053 **	− 0.154 ***	− 0.183 ***
	（0.033）	（0.018）	（0.034）	（0.044）
常数项	− 16.230 ***	− 6.275 ***	− 12.439 ***	− 7.031 ***
	（0.418）	（1.392）	（0.987）	（1.493）
观测值	48	160	92	191
R^2	0.978	0.876	0.973	0.897

注：括号中是稳健标准误；*** 表示 $p < 0.01$，** 表示 $p < 0.05$，* 表示 $p < 0.1$。

资料来源：国家统计局。

　　为了验证实证结果的稳健性，本节采用省份宏观数据实证检验高收入和低收入家庭的债务异质性，本节将家庭收入分为四等分组，分别取最高收入组和最低收入组进行实证检验，采用固定效应模型进行估计，回归结果如表 6 – 16 所示。[①]

表 6 – 16　　　　　　　不同收入人群的家庭债务影响分析

参数	（1） 高收入	（2） 低收入	（3） 高收入	（4） 低收入
被解释变量	*lndebt*	*lndebt*	*lndebt*	*lndebt*
realrate_5	− 0.027 *	0.011		
	（0.016）	（0.037）		

①　最高收入组是居民年收入高于 17751.68 元，最低收入组是居民年收入低于 3828.8 元。

续表

参数	(1) 高收入	(2) 低收入	(3) 高收入	(4) 低收入
lnhpr			0.887 *** (0.291)	−0.281 * (0.150)
控制变量	是	是	是	是
常数项	−7.896 *** (1.013)	−3.836 * (1.757)	−8.143 *** (1.114)	−3.802 * (1.844)
观测值	158	17	158	17
R^2	0.711	0.957	0.738	0.965

注：括号中是稳健标准误；*** 表示 $p < 0.01$，** 表示 $p < 0.05$，* 表示 $p < 0.1$。

资料来源：国家统计局。

由第（1）、第（3）列可知，在高收入家庭中，中长期利率与家庭债务显著负相关，房产价格与家庭债务显著正相关，但是由第（2）、第（4）列结果可知，利率下降和房产升值并未显著地增加低收入家庭的债务，甚至房价增长使低收入家庭债务负担减少，这可能因为房价增长过快，低收入居民减少购房需求，降低了家庭杠杆率。总之，在高收入家庭中，贷款利率和房产价格对家庭债务的影响更大，实证结果与微观实证结果一致，间接表明房产购买满足了高收入家庭的投资需求。

（3）稳健性和内生性检验。

以上分析从宏观层面检验了利率和房产价格对家庭债务的影响，为了验证实证结果的稳健性，本节将被解释变量进行变换，替换为居民杠杆率，即个人消费贷款余额与省份地区生产总值的比值，居民杠杆率很好地反映了居民部门负债情况。本节选用固定效应模型和广义矩估计（GMM）进行实证检验，回归结果如表 6 – 17 所示。

表 6 – 17　　　　　　　　　家庭债务影响的稳健性检验

参数	固定效应			GMM		
	(1)	(2)	(3)	(4)	(5)	(6)
被解释变量	*leverage*	*leverage*	*leverage*	*leverage*	*leverage*	*leverage*
lnhpr	0.095 ** (0.021)		0.105 *** (0.022)	0.068 *** (0.023)		0.078 *** (0.024)

续表

参数	固定效应			GMM		
	（1）	（2）	（3）	（4）	（5）	（6）
realrate_5		− 0.026 ***	− 0.026 ***		− 0.013 ***	− 0.015 ***
		（0.002）	（0.002）		（0.004）	（0.004）
控制变量	是	是	是	是	是	是
居民杠杆率 滞后一期				0.465 **	0.475 *	0.403 *
				（0.210）	（0.209）	（0.212）
常数项	− 1.085 ***	− 0.585 ***	− 0.698 ***	− 0.823 ***	− 0.424 *	− 0.637 ***
	（0.127）	（0.142）	（0.108）	（0.281）	（0.239）	（0.236）
观测值	491	491	491	427	427	427

注：括号中是稳健标准误；*** 表示 p < 0.01，** 表示 p < 0.05，* 表示 p < 0.1。

资料来源：国家统计局。

表 6 – 17 中，由第（1）、第（4）列可得，房产价格对居民杠杆率有显著正向影响，由第（2）、第（5）列可知，中长期贷款实际利率对居民杠杆率有显著的负向影响，固定效应模型和 GMM 估计均可得到相同的结论。本节还将解释变量实际贷款利率替换成中长期贷款名义利率，回归结果如表 6 – 18 所示，根据回归结果可知，无论被解释变量是居民债务水平还是居民杠杆率，无论采用固定效应模型还是广义矩估计，中长期贷款利率下降使家庭债务显著减少，这与基准回归结果一致，验证了上述实证结果具有稳健性。

表 6 – 18　　　　　　利率对家庭债务影响的稳健性检验

参数	固定效应		GMM	
	（1）	（2）	（3）	（4）
被解释变量	lndebt	leverage	lndebt	leverage
debtrate_5	− 0.089 **	− 0.025 ***	− 0.078 **	− 0.013 ***
	（0.037）	（0.002）	（0.028）	（0.004）
家庭债务滞后一期			0.334	
			（0.215）	
家庭杠杆率 滞后一期				0.475 **
				（0.209）

续表

参数	固定效应		GMM	
	（1）	（2）	（3）	（4）
控制变量	是	是	是	是
常数项	−6.879***	−0.612***	−3.231	−0.424*
	(1.817)	(0.118)	(2.811)	(0.239)
观测值	491	491	427	427

注：括号中是稳健标准误；*** 表示 $p < 0.01$，** 表示 $p < 0.05$，* 表示 $p < 0.1$。

资料来源：国家统计局。

通常实证检验会考虑内生性问题，一般来说，引起内生性问题的主要原因有遗漏解释变量、测量误差和反向因果。在数据收集和整理过程中，测量误差难以避免，计量模型中也可能会遗漏不可观测的重要变量，如居民的风险偏好、房地产价格政策等。利率水平和房产价格对家庭债务的影响也可能存在反向因果，家庭债务体现了居民对资金的需求，根据古典利率理论，利率即资本的价格，居民债务增加时，资金需求大于供给，导致资金价格上升，利率水平提高。当家庭投资房地产、居民债务杠杆率过高时，政府会管制房地产价格，不会使其有较大波动，为了防止居民房贷违约和资产缩水，房产价格不会大幅下降。因此，利率、房产价格和家庭债务之间可能存在上述反向因果关系，这可能导致内生性问题。

本书解决内生性问题的方法如下。首先，实证检验采用固定效应模型和广义矩估计（GMM），尽量减少不可观测的遗漏变量导致的回归结果偏误。其次，为了解决回归模型中由测量误差和反向因果导致的内生性问题，选取了中长期贷款利率和房产价格的工具变量进行检验，回归结果见表6-19。选取广义货币供应量（M_2）取对数作为中长期贷款利率的工具变量，货币供应量增加则利率下降，货币供应量减少则利率上升，且货币供应量是由央行决定，具有一定的外生性，货币供应量与居民债务不相关，符合工具变量的设定标准。回归结果见第（1）至第（3）列，第（1）列是中长期贷款利率对家庭债务有显著的负向影响；第（2）列采用面板工具变量回归模型进行估计，货币供应量取对数作为工具变量，货币供应量越多，利率水平越低，家庭债务越高，因此，工具变量货币供应量与家庭债务显著正相关；第（3）列采用了两阶段最小二乘估计，货币供应量增加使家庭债务显著增加，并且第一阶段 F 值显著大于 10，因此，回归模型中不存在弱工具变量的假设。

表 6 – 19   **家庭债务影响的内生性检验**

参数	（1）	（2）	（3）	（4）	（5）	（6）
被解释变量	lndebt	lndebt	lndebt	lndebt	lndebt	lndebt
realrate_5	− 0.089 * (0.037)					
ivrealrate_5		1.274 *** (0.470)	2.325 *** (0.659)			
lnhpr				0.952 *** (0.316)		
ivlnhpr					2.554 *** (0.376)	3.410 *** (0.416)
控制变量	是	是	是	是	是	是
观测值数	491	460	460	491	460	460
第一阶段 F 值	—	—	20.48	—	—	62.66

注：括号中是稳健标准误；*** 表示 $p < 0.01$，** 表示 $p < 0.05$，* 表示 $p < 0.1$。

资料来源：国家统计局。

选取了省级政府部门一般公共预算收入作为房地产价格的工具变量。政府财政收入与房地产价格的关系一直是学者们关注的问题，1999 年全国开展城市住房制度改革，城市商品房价格飞涨，土地价格飞涨，地方政府完全垄断土地出让的一级市场，获得了大部分农村集体土地征用权，因此，地方政府依靠土地财政从土地收益分配中得到最大利益（王先柱和赵奉军，2012）。地方政府通过出让土地使用权获得财政收入，土地转让价格高涨，房地产价格高涨，政府财政收入增加，国内众多学者认为地方政府财政收入与房价之间存在相互促进的关系（张双长和李稻葵，2010；李青和方建潮，2013；田新民和夏诗园，2017）。房产价格越高，地方财政土地出让收入越高，财政收入越高，政府财政收入与家庭债务水平无直接关系，因此，选用地方政府财政收入作为房产价格的工具变量，这与中国实际经济情况相符，也符合工具变量的设定。

回归结果表 6 – 19 的第（4）至第（6）列中，第（4）列表明住房价格上涨使家庭债务显著增加；第（5）列回归采用了面板工具变量模型，政府收入增加，房产价格上升，家庭债务水平显著提高；第（6）列是两阶段最小二乘估计，回归结果显示，政府财政收入对家庭债务有显著的正向影响，并且第一阶段 F 值显著大于 10，所选工具变量不是弱工具变量。以上工具变量法检验了模型的内生性，实证结果具有可信性。

综合上述稳健性和内生性检验结果，可以证明本章基准回归具有可信性和科学性，利率水平和房价是影响家庭债务的重要因素。中国家庭债务主要是住房贷款，购买房产不仅满足了家庭的住房需求，还满足了投资需求，在利率下行和房价上涨的背景下，家庭债务增加是必然趋势。购买房产是中国家庭主要的投资方式，房产资产是家庭核心资产，住房贷款是家庭主要债务，由于房产在家庭资产负债中具有重要地位，房产价格具有刚性。那么随着房价上涨，家庭债务会一直增加吗？长期利率下行，家庭如何权衡债务成本和投资收益之间的关系来实现家庭效用最大化，本章将通过实证研究继续深入讨论。

家庭负债购房是重要的家庭决策，影响到家庭效用最大化，因此，家庭买房尤其是投资买房时会衡量其成本和收益。本书第三章的理论模型（第 3.3.2 节）推导了家庭权衡贷款利率、房价增长率和贷款本息率的家庭债务决策，当贷款利率大于房价增长率时，家庭为了满足住房的消费需求，不选择贷款买房，而是使用储蓄和工资购买房产；长期来看，当房价增长率大于贷款利率并且小于贷款本息率时，家庭在考虑工资水平的情况下贷款买房，满足家庭购房的消费和投资双重需求；当房价增长率大于贷款本息率时，家庭购房无工资约束，选择贷款买房，此时，大部分家庭负债购房满足了房产的投资需求。为了探究房价增长率和贷款利率下家庭债务的决策变化，本节采用中国 2000—2019 年省级面板数据进行实证检验，回归结果如表 6 – 20 所示，被解释变量是家庭债务取对数，解释变量是房价增长率和贷款利率。

表 6 – 20 房价增长率和利率权衡下的家庭债务

参数	（1） lndebt $r_h < r_t$	（2） lndebt $r_h > r_t$	（3） lndebt $r_t < r_h < 1 + r_t$	（4） lndebt $r_h > 1 + r_t$
$r_{h\_}1$	– 0. 324 ** (0. 132)	0. 297 ** (0. 147)		
$r_{t\_}1$	– 7. 917 *** (2. 991)	– 1. 841 (1. 428)		
$r_{h\_}10$			0. 146 * (0. 082)	0. 334 ** (0. 126)
$1 + r_{t\_}10$			– 1. 623 ** (0. 647)	– 6. 178 *** (2. 058)
控制变量	是	是	是	是
观测值数	119	308	246	89

注：括号中是稳健标准误；*** 表示 p < 0.01，** 表示 p < 0.05，* 表示 p < 0.1。

资料来源：国家统计局。

第（1）至第（2）列采用 GMM 估计检验了房价增长率和利率对家庭债务的影响，其中 $r_{h\_}1$ 和 $r_{t\_}1$ 是一年期房价增长率和中长期贷款基准利率。当贷款利率大于房价增长率时，家庭负债购房的成本大于收益，家庭偏好使用储蓄和工资购买房产，不会选择负债购房，因此，房价上涨反而使家庭债务减少，贷款利率变动对家庭债务的负面影响显著；当房价增长率大于贷款利率时，家庭负债购房收益大于成本，家庭选择贷款买房，因此，家庭债务随着房价增长率提高而增加。对比两列回归结果可知，当贷款利率高于房价增长率时，贷款利率对家庭债务的影响系数和显著性更强，当房价增长率大于贷款利率时，家庭负债购房是有利可图的，家庭更关注房价增长率的变化。

第（3）至第（4）列采用固定效应模型检验了房价增长率和贷款本息率对家庭债务的影响，① 其中 $r_{h\_}10$ 和 $1 + r_{t\_}10$ 是 10 年期房价增长率

① 解释变量 10 年期房价增长率的数据样本较少，为了保证足够的样本量和解决内生性问题，本节采用了固定效应模型检验。

和贷款本息率。① 房产具有不易变现、周期长等特点，家庭在购房时会权衡过去房价增长走势和利率变动趋势，虽然大部分家庭选择房贷期限为二十年或三十年，但是绝大多数家庭会提前还贷，这体现了家庭债务负担心理，在一定程度上反映了房贷对家庭消费的抑制，根据 2017 年中国家庭金融调查数据（CHFS），平均家庭住房贷款还款期限为 9.8 年，因此，实证模型选择了 10 年期房价增长率和贷款本息率。比较第（3）、第（4）回归结果可知，房价增长率和家庭债务显著正相关，而贷款本息率与家庭债务显著负相关，这符合理论上的经济事实。当房价增长率大于贷款本息率时，房价增长率对家庭债务增长的影响更大、更显著，家庭放松了以工资收入为主的预算约束，房产升值使更多家庭通过负债进行房产投资，家庭债务对贷款本息率的敏感程度更大，因为此时家庭房产购买具有了更多的投资性质，从房产投资的成本和收益来看，贷款利率和房产升值率对家庭债务影响更大。

2015 年中国房价大幅上涨，房价增长率远远大于贷款利率，家庭购房债务骤增，虽然家庭购房有首付比的限制，但是一些房地产中介、开发商和小贷公司通过网络借贷平台（P2P）推出"首付贷"，家庭购房基本不受收入约束的限制，这极大地积累了金融风险，助推房产泡沫形成，2016 年中国央行全面叫停"首付贷"，防范金融风险。以上实证结果基本上验证了第三章的理论模型（3.3.2 小节），但是现实生活中家庭负债购房行为非常复杂，家庭购房有首付比的限制，还应按月偿还贷款，这些限制虽然与理论模型仍有一定的差距，但是总体来说，家庭在房价增长率和贷款利率的权衡下对最优的家庭债务规模作出决策。

6.3　本章小结

本章探究了利率、房产价格对家庭债务的影响，近二十年来，中国经济呈现"高储蓄"和"高债务"的特征，长期利率下行由较高的家庭储蓄决定，人口结构变化和收入分配不平等决定了家庭高储蓄和中长期

---

① 考虑到房价和名义贷款利率都包含物价，因此，数据处理时剔除了物价的影响，实证中的贷款本息率是 10 年期本息复利率。

利率下降的趋势。本章以利率和房价为中介，继续延伸逻辑，研究利率和房价对家庭债务的影响。第一，本章分析了 20 世纪 90 年代日本房地产泡沫破灭和 2008 年美国次贷危机的国际案例经验，并阐述了家庭债务影响经济危机和增长的理论框架，探讨了利率、房价对家庭债务的影响机制。第二，本章通过实证检验，从家庭微观层面和省级宏观层面，探究了中国家庭债务负担的影响因素，贷款利率与住房价格对家庭债务的影响，实证检验了房价增长率与贷款利率对家庭债务影响的异质性。理论分析与实证结果一致，验证了本书提出的假设 4 和假设 5，由此我们得出以下结论。

（1）低利率、高房价和高家庭债务相互强化。根据美国次贷危机和日本经济泡沫可以总结得出，长时间超低利率会导致资产价格上涨、房价上涨，在融资成本下降、房产升值、投资收益增加时，家庭债务增加，居民杠杆率提高，低利率、高房价和高债务三者之间相互强化。当经济中出现负向冲击，宏观经济衰退或利率上升时，融资成本上升，房产价格下降，房地产泡沫破裂，家庭偿债风险增加，导致金融市场动荡，发生债务危机甚至是经济危机。

（2）利率水平和房产价格是影响家庭债务的重要因素。采用微观数据和宏观数据的实证结果显示，住房是家庭资产和负债的重要组成部分，贷款利率是家庭的负债成本，利率下行意味着融资成本下降，导致家庭债务不断增加，房产投资中住房价格变动是家庭的负债收益，房价增长率越高，房价越高，家庭债务增长越快。利率和房价的影响在首套房和多套房家庭中存在明显的异质性，这反映了中国家庭购房需求的刚性特征以及家庭通过增加杠杆进行房产投资的行为。利率和房产价格对家庭债务的影响呈明显的区域差异特征。

（3）债务水平取决于家庭对房价增长率和贷款利率的权衡。中国家庭购买房产成为刚需，购置房产不仅满足了家庭消费需求，还满足了投资需求，家庭在利率和房价之间进行权衡，利率下行和房价上涨刺激了家庭债务投资。

通过理论分析和历史案例梳理，本章探究了利率和房价对家庭债务的影响，以及低利率、高债务引发的金融脆弱性等问题。本章从家庭微观层面和省级宏观层面探讨了中国家庭利率、房价与债务问题，将房地产价格因素加入模型中，探究了影响家庭债务的影响因素，揭示了中国房产的消费性质和投资性质双重属性，探究了中国家庭在房价增长率和贷款利率权衡下的家庭债务决策。

第七章 研究结论与启示

7.1 研究结论

本书在全球低利率的宏观背景下，通过对中国家庭储蓄和家庭债务微观事实的观察，以利率和房价为中介，论证了中国家庭高储蓄和高债务并存的原因及影响机制。通过构建理论模型和实证分析的研究方法，选用中国省级面板数据和家庭微观调查数据，系统地回答了三个问题：一是影响中国家庭储蓄的因素；二是中国家庭储蓄与长期利率的关系；三是利率和房价如何影响家庭债务水平。具体而言，本书主要得到以下几个结论。

（1）三期世代交叠模型中，中国家庭高储蓄，利率下行促使以房产为主的家庭债务累积。

根据古典利率理论、生命周期—持久收入假说、预防性储蓄假说、泰勒规则等理论，本书从家庭行为入手，构建三期世代交叠模型，将家庭储蓄、利率、房价和家庭债务纳入统一的研究框架中，结合中国特色的家庭特征和家庭文化，研究了家庭储蓄延续和房价升值阶段家庭储蓄和债务问题，从理论上解释了家庭人口结构、收入不平等和代际财产继承是影响家庭储蓄的重要因素：少儿抚养比下降使家庭储蓄增加，老年人预期寿命延长使家庭储蓄率上升；收入不平等扩大使高收入家庭的边际储蓄倾向上升，进而提高家庭储蓄率；代际财产继承一方面直接使子代家庭储蓄增加，另一方面会扩大收入不平等，提高家庭储蓄率。

家庭人口结构、收入不平等和代际财产继承通过影响储蓄进而决定长期利率，储蓄增加扩大了货币供给，进而压低利率水平。理论模型充分考虑了家庭住房的消费和投资双重属性，利率和房价对家庭债务有重要影响，利率下行将降低融资成本，促进家庭债务积累，高房价使房产投资收益增加，提高家庭杠杆率。从投资成本和收益的视角来看，贷款利率与房价增长率对家庭债务有显著的影响，当房价增长率大于贷款利率时，房价增长率越高，家庭住房债务增长速度越快。

（2）探究了中国家庭储蓄和债务累积的机制并进行了实证检验。

本书基于理论模型推导，采用 CFPS 微观调查数据和省级面板数据，对中国家庭储蓄和家庭债务进行实证检验，分列于第四、第五、第六章，通过实证检验得出以下主要结论。

第一，中国家庭人口结构、收入不平等和代际帮助是影响家庭储蓄的重要因素。本书采用 2014 年、2016 年和 2018 年中国家庭追踪调查数据，以家庭为单位，探究家庭效用最大化的储蓄消费行为，实证结果得出，少儿抚养比下降使家庭储蓄率上升；老人抚养比上升使家庭储蓄率上升，比较人口结构影响储蓄的具体机制得出；家庭少儿减少使育儿、教育支出下降，家庭储蓄增加；老年人增加，预期寿命延长，未来养老医疗支出增加，家庭预防性储蓄增加。因此，少儿人口对家庭储蓄的影响主要是"生命周期"效应，老年人口对家庭储蓄的影响主要是"预防性储蓄"效应。家庭收入不平等扩大使家庭储蓄率上升，中高收入家庭的储蓄率最高，在农村和西部地区，收入不平等对家庭储蓄的影响更大，中国父母对子女的代际帮助使低收入家庭储蓄增加。

第二，储蓄供给增加使长期利率下行，人口结构和收入不平等通过影响储蓄压低利率水平。本书选取 1995—2019 年 31 个省级面板数据，采用固定效应模型、GMM 估计和中介效应检验探究家庭储蓄对长期利率的影响。实证结果得出以下判断，居民储蓄率上升显著降低长期利率，人口结构和收入不平等通过影响家庭储蓄进而决定利率。少儿抚养比下降、老人抚养比上升和收入差距扩大使家庭储蓄率显著上升，家庭储蓄增加则货币供给增加，长期利率下行。实证结果不仅从宏观角度验证了人口结构对居民储蓄的影响，还探究了人口结构和收入不平等对长期利率的影响机制，并且通过了稳健性和内生性检验。

第三，利率下行和房价上涨使家庭债务增加，房价增长率与利率之差影响家庭债务积累。本书分别采用微观数据 2014 年、2016 年和 2018

年的中国家庭追踪调查数据（CFPS）和宏观数据 2003—2019 年省级面板数据，检验利率和房价对家庭债务的影响。实证结果得出的判断是，利率下行和房价上涨使家庭债务显著增加，尤其是住房贷款。中长期贷款利率下降，家庭借贷成本下降，则家庭债务上升；房价升值越大，家庭投资房地产的收益越多，家庭杠杆率越高。在多套房产、高收入和城镇家庭中，贷款利率对家庭债务影响更大，体现了房产的投资性质。在首套房家庭、低收入家庭中，房价升值对家庭债务的影响更显著，体现了房产的消费性质，中部地区贷款利率和房价对家庭债务的影响更大、更显著。从投资成本和收益的视角来看，当房价增长率大于贷款利率时，房价增长率越高，家庭住房债务增长速度越快。

（3）在中国家庭储蓄和债务问题中，利率、房价和债务之间具有相互强化的影响机制。

短期利率是中国货币政策逆周期调节的重要工具，受到全球低利率和发达国家货币政策外溢性的影响，央行根据国内经济增长周期、通货膨胀来决定短期利率变动，同时，发达国家货币政策通过影响跨境资本流动和汇率波动影响短期利率。参照美国和日本的经历，利率、房价和债务之间有相互强化的影响机制，长期低利率会推高房价，在利率下行和房价上涨的共同作用下，家庭债务尤其是住房贷款增加，在债务通缩和金融不稳定假说下，过度的家庭债务是金融风险甚至是危机爆发的导火索。

7.2　启示

中国家庭的"高储蓄"和"高债务"与利率下行、房价高企密切相关。2008 年国际金融危机后，全球呈现"低利率、低增长"特征，2020 年全球暴发的新冠肺炎疫情使包括中国在内的主要经济体降低利率水平，同时，中国人口老龄化到来，老年人预防性储蓄增加，全社会劳动参与率下降，劳动的边际生产率下行，因此，无论是短期利率，还是长期利率，中国利率下行是必然趋势，也将会一直持续。2008 年后中国房价阶段式上涨，2015 年中国经济进入新常态，随着贷款利率下降和房价新一轮单向升值，家庭购买房产具有更多的投机性质，家庭债务骤增，居民杠杆率达到50%以上。历史经验表明，"低利率、高房价和高债务"可能会产生房地产泡沫，泡沫破裂会导致危机发生。本书通过理论模型和实证研究分析了中国家庭储蓄和家庭债务问题，结合得出的结论，得到以下启示。

1. 消除家庭的后顾之忧，加强"需求侧管理"，提高消费质量，畅通国内大循环

（1）解决家庭育儿、养老问题，提高家庭消费倾向。家庭高储蓄和内需不足的主要原因是家庭有后顾之忧，不敢消费，因此，应该促进家庭消费的配套政策改革，消除家庭的后顾之忧。家庭少儿人口和老年人口是家庭储蓄消费的重要对象，人口增速放缓和人口红利减少使潜在经济增速和居民收入增速放缓，可继续深化推广生育政策，鼓励家庭生育，同时加快健全育儿、教育等公共服务设施，社会和政府承担更多育儿责任，减少家庭育儿成本。2015年后中国人口老龄化快速恶化，老年人预期寿命延长，意味着老年人更加偏好退休后的消费，则预期收入的重要性提高。需要完善社会保障体系，尤其是养老保险和医疗保险，扩大基本养老保险的覆盖面，减轻老年人养老、医疗支出负担，提高公共服务的财政支出。解决家庭少儿负担和老年人"防老"难题是提高家庭的消费意愿和消费倾向的关键，弱化家庭部门的预防性储蓄动机。

（2）调整收入分配格局，提高全社会平均消费倾向。高收入人群的边际消费倾向低于低收入人群，收入不平等扩大使高收入人群的边际储蓄倾向提高，压低了全社会的平均消费倾向，家庭中普遍存在的利他主义和代际财产继承会扩大家庭贫富差距。因此，要激活内需，提高家庭部门收入占国民收入的比重，加大家庭部门收入再分配力度，对于欠发达的农村和西部地区，政府应该增加低收入人群的转移支付力度，把低收入的城市底层人员和农民工的收入拉动起来，增加农民财产性收入。虽然近年来城镇化和工业化在一定程度上缩小了城乡收入差距，但是随着城镇化、工业化程度放缓，贫富差距扩大，应该考虑区域间发展的不均衡和不充分问题，关注不同行业生产率分化加剧收入不平等的影响。增加家庭当期消费，减缓家庭子代未来消费的不确定性，提高家庭消费

质量，弱化家庭财产代际转移动机，降低家庭间的收入差距，激发居民消费潜力，拉动内需促进经济增长。

（3）消费"提质扩容"，以此促进新发展格局。"十四五"规划提出中国经济新的发展战略，即"构建以国内大循环为主体，国内国际双循环相互促进的新发展格局"，中央提出"形成需求牵引供给、供给创造需求的更高水平动态平衡"，由此可知，扩大需求市场是畅通国内大循环的关键。在国际需求疲软，外部环境不确定的背景下，转换经济增长模式，就要扩大内需，提高消费对经济增长的贡献，释放居民消费潜力，降低家庭储蓄，以居民充分就业和收入提升支撑内循环，促进消费提质扩容以畅通国内大循环。真正构建高水平的"双循环"格局，实现消费引导型的中国经济。

2. 防控家庭债务过快增长，建立房地产长效调控机制

（1）保持家庭债务规模适度，强化家庭债务风险意识，合理配置家庭资产和债务。家庭规划对家庭重大决策发挥了重要作用。在利率下行和房价上涨的共同作用下，家庭债务高企，过高的家庭债务可能会导致金融不稳定或泡沫经济。央行或政府监管部门需要密切关注家庭规划特征、债务规模和家庭杠杆率增速情况，在信贷扩张期间，加强对家庭部门信贷行为的监督，明确资金用途，避免资金流向高风险的投机人群；实施差别化的家庭信贷政策，对家庭资产负债进行全面评估，降低家庭偿债违约风险；根据所在地区经济发展程度和房价升值程度，制定符合宏观经济周期阶段的合理贷款利率。防止家庭债务过快增长，将家庭债务控制在增加家庭财富、促进居民消费的适度规模。

从家庭层面来看，中国家庭资产和债务的主要组成部分是住房，家庭应该强化债务风险意识，认识到房产投资不易变现、房价波动的风险，切勿在家庭承受能力之外过度借贷、超前消费；目前大部分家庭投资渠道单一，以房产投资为主，家庭应该优化资产负债结构，使家庭投资配置多元化，以实现家庭效用最大化。调整家庭债务结构，鼓励信贷消费，积极发挥信贷在家庭消费中的平滑作用，促进消费提质扩容。

（2）维持房价稳定，建立房地产长效调控机制。近二十年来中国房

地产繁荣极大地促进了相关产业发展，在拉动经济增长的同时，房产升值还放松了家庭预算约束，扩大了家庭消费。中国房产上升周期长，且尚未达到峰值，有些城市已经提前完成房产升值周期，随着 2015 年房价新一轮上涨，家庭债务达到历史最高水平，其中家庭住房贷款占家庭总债务的一半以上，2019 年中国人民银行调查数据显示，城镇家庭平均每户拥有 1.5 套住房。在满足家庭消费性购房需求的同时，要严格控制家庭的投机性购房需求。始终贯彻坚持"房住不炒"的政策，并在这个总基调的指导下，引导各地加强和改善房地产市场调控，维持房价稳定，既要防控房价快速上涨导致房地产泡沫破裂的风险，也要防控房价大幅下跌导致家庭资产缩水和家庭债务违约的风险。

加强中央政策导向，推进地方分城施策、因城施策，对于住房需求较大的一线城市，可以采取限购、提高首付比和提高房贷利率等措施宏观调控房价，抑制房产投机引发经济泡沫；对于房产供给过剩的三四线城市，可以适当降低限购门槛，保证房价在适当的波动范围内，鼓励去房产库存，加强房产供给侧结构性改革，谨防中小城市房价大幅波动，尤其是大幅下跌，这样可能导致家庭财富损失，债务违约和金融风险加剧。鼓励政府加大发展和扶持住房租赁市场，出台和完善租赁相关的法律条款，学习发达国家成熟的房屋租赁经验，可通过"城市试点—全面推广"的模式发展，以降低家庭购置房产的刚性需求。建立房地产长效调控机制，强化地方政府职责，减轻地方政府对土地转让金的财政依赖，根据房产需求强度灵活调控土地供给，以稳定市场供求和房价为主线，促进房地产市场健康发展，避免中国家庭杠杆率因为房价上涨而继续显著上升，避免房地产繁荣对消费增速的挤压，避免房地产泡沫导致的经济危机。

3. 保持常规货币政策空间，增强宏观审慎监管，加强国际货币合作

（1）保持货币政策独立性，避免超低利率，增强宏观审慎监管。保持货币政策独立性，制定适宜本国的货币政策是央行的根本使命。由本书分析可知，全球进入"低利率"时代，中国长期利率也呈下行趋势，2020 年新冠肺炎疫情冲击下，全球各国包括中国货币供应量增加，利率

在未来一段时间内仍会下行。维持超低利率会导致市场流动性过剩，容易引发资产价格泡沫、房地产泡沫，因此，中国央行应该实施更加灵活稳健的货币政策，一方面，避免维持超低利率，防止过多的货币流向非实体行业，抑制资产价格高涨产生的泡沫，将债务水平控制在合理区间内；另一方面，采取价格型资本管制措施。面对低利率环境，如果国内外利差过大，则跨境资本流入增加，人民币升值预期加强，人民币汇率波动加剧，不利于出口贸易和金融稳定。因此应采取托宾税等更加市场化的手段应对不规则国际资本流动。

继续健全货币政策和宏观审慎监管双支柱的调控框架。2008 年国际金融危机后，中国已经探索尝试将货币政策和宏观审慎监管相结合，以控制价格稳定和金融稳定。在全球低利率和疫情冲击影响下，货币政策独立性受到影响，此时，为了防止"低利率、高债务"导致的金融不稳定，应该建立健全调控金融稳定的另外一个支柱——宏观审慎监管，继续创新调控工具，如逆周期资本缓冲、贷款价值比、债务收入比、流动性覆盖率等，强化价格手段的政策工具，如首套房和二套房首付比、差别准备金动态调整机制（MPA）、正常存款准备金等。宏观审慎监管与货币政策相互补充、相互强化，共同保证金融市场稳定①。

（2）加强国际合作，关注中国货币政策外溢的影响。目前中国已经成为全球系统性重要国家，尤其是 2020 年新冠肺炎疫情冲击后，发达经济体纷纷实行超低利率，但是中国仍实行常规的货币政策，具有一定的货币政策空间。此时，央行在制定货币政策时，不仅要考虑发达国家货币政策外溢性，即发达国家货币政策对中国的影响，还要考虑中国货币政策的外溢性影响，尤其是与中国有紧密经贸合作的伙伴国，如"一带一路"沿线国家、区域全面经济伙伴关系（RCEP）成员国等。随着金融市场不断开放，中国与合作伙伴国的国际货币合作更紧密，大规模的跨境资本流动会影响货币政策独立性，因此，中国在推动形成全面开放新格局之前，要提高经济增长质量、完善金融体制，注重货币和金融安全

---

① 李婧，刘瑶，周琰. 新兴经济体资本账户开放与宏观审慎管理研究［M］. 北京：中国金融出版社，2019.

网络建设，加强建立国际、区域双边等多层次的货币金融合作。

总体来说，针对家庭消费需求不足、债务高企和金融风险加剧等问题，低利率的货币政策是宏观经济逆周期调节的工具，配合"需求侧管理"只能调控短期经济增长，并不能解决根本问题，最终还是应该依靠长期经济增长来解决实质问题，挖掘经济增长潜力，提高居民收入水平是化解风险和危机的有效手段。除了关注影响长期增长的经济因素（如资本、劳动、自然资源等）外，还应加强关注影响增长的非经济因素，如制度、气候变化、公共卫生和创新等因素。

7.3　研究局限与展望

本书是对中国家庭储蓄和家庭债务的影响原因和机制的探索，探究了家庭储蓄、利率、房价与家庭债务之间的关系，有助于研究者和政府决策者加深理解中国家庭高储蓄和高债务并存的原因。限于研究经历和研究水平，本书仍有一些局限之处，具体如下。

（1）以家庭为研究对象，分析家庭实现效用最大化时的消费、储蓄和债务决策，解释了中国家庭储蓄、利率、房价和家庭债务的传导机制。没有考虑企业和政府部门，尤其是非金融企业具有明显的高储蓄和高债务特征。后续的研究可以从非金融企业部门入手，运用企业微观数据和宏观数据进行研究，探究非金融企业储蓄和债务的联系。

（2）针对中国高储蓄的特征，解释了家庭"高储蓄之谜"，分析了储蓄对长期利率的决定，但是并未探讨投资偏好对长期利率的决定。后续的研究中可以将储蓄和投资偏好纳入统一框架中，研究两者共同作用于长期利率的影响机制。

（3）研究了家庭储蓄、利率、房价和家庭债务之间的传导机制，并未继续探究家庭债务对家庭财富、消费和经济增长的影响，合理适度的家庭债务可以促进家庭消费，刺激经济增长，而过度的家庭债务将挤出消费，甚至引发危机。因此，研究家庭储蓄、债务和增长的不同情境，求解家庭债务促进经济增长的门槛值，更好地将家庭债务控制在合理区间内和防范金融风险，是未来研究的方向。

（4）本书采用微观调查数据和宏观省级面板数据进行实证检验，其中微观数据为 2014 年、2016 年和 2018 年中国家庭追踪调查（CFPS）数据，微观数据截取的时间段较短，在一定程度上不能反映长期变量的变化。同时，目前微观数据库有中国家庭金融调查数据（CHFS），中国家庭收入调查项目（CHIP）、中国健康退休跟踪调查（CHARLS）等数据库，数据库的专业性强，也存在局限，关于本书采用的家庭追踪调查数据没有代际遗产继承的数据，只能通过代际帮助来表示代际继承文化，因此，在后续的研究中，可以从不同的数据库获得所需数据进行研究，得到更加科学和稳健的结论。

参考文献

［1］陈斌开．收入分配与中国居民消费——理论和基于中国的实证研究［J］．南开经济研究，2012（1）：33－49．

［2］陈昌兵．各地区居民收入基尼系数计算及其非参数计量模型分［J］．数量经济技术经济研究，2007（1）：133－142．

［3］陈创练，姚树洁，郑挺国，欧璟华．利率市场化、汇率改制与国际资本流动的关系研究［J］．经济研究，2017（4）：64－77．

［4］陈工，陈伟明，陈习定．收入不平等、人力资本积累和经济增长——来自中国的证据［J］．财贸经济，2011（2）：12－17．

［5］成十．美国次贷危机与日本金融泡沫危机的比较分析［J］．学术界，2008（5）：246－256．

［6］董丽霞，赵文哲．不同发展阶段的人口转变与储蓄率关系研究［J］．世界经济，2013（3）：80－102．

［7］甘犁，赵乃宝，孙永智．收入不平等、流动性约束与中国家庭储蓄率［J］．经济研究，2018，53（12）：34－50．

［8］管涛．如何看待当前人民币汇率快速上涨［J］．国际金融，2020（11）：15－18．

［9］郭新华，陈斌，伍再华．中国人口结构变化与家庭债务增长关系的实证考察［J］．统计与决策，2015（4）：96－99．

［10］郭新华，何雅菲．中国家庭债务、消费与经济增长关系的实证分析［J］．经济纵横，2010（22）：100－102．

［11］郭新华，张思怡，刘辉．基于VECM模型的信贷约束、家庭债务与中国宏观经济波动分析［J］．财经理论与实践，2015，36（5）：23－28．

［12］胡祖光．基尼系数理论最佳值及其简易计算公式研究［J］．

经济研究，2004（9）：60 - 69.

［13］黄红梅，石柱鲜，李玉梅．中日房地产价格影响因素的比较研究［J］．现代日本经济，2014（1）：46 - 56.

［14］黄少安，孙涛．非正规制度、消费模型和代际交叠模型——兼东方文化信念中居民消费特征的理论分析［J］．经济研究，2005（4）：57 - 65.

［15］黄晓龙．从日本泡沫经济的形成和破灭看货币政策的灵活性［J］．上海金融，2007（5）：52 - 54.

［16］吉黎，车婷婷．老龄化、少子化与储蓄率关系的国际经验研究［J］．上海金融，2019（5）：23 - 29.

［17］金耀基．从传统到现代［M］．北京：法律出版社，2010.

［18］金烨，李宏彬，吴斌珍．收入差距与社会地位寻求：一个高储蓄率的原因［J］．经济学（季刊），2011，10（3）：887 - 912.

［19］雷震，张安全．预防性储蓄的重要性研究——基于中国的经验分析［J］．世界经济，2013（6）：126 - 142.

［20］李宏瑾．长期性停滞与持续低利率：理论、经验及启示［J］．世界经济，2018（1）：3 - 28.

［21］李婧，许晨辰．家庭规划对储蓄的影响："生命周期"效应还是"预防性储蓄"效应？［J］．经济学动态，2020（8）：20 - 36.

［22］李青，方建潮．增值税全面"扩围"对省级政府税收收入的影响——基于投入产出表的模拟测算［J］．财贸经济，2013（6）：33 - 42.

［23］李树苗，胡莹．性别失衡的宏观经济后果——评述与展望［J］．人口与经济，2012（2）：1 - 9.

［24］李雪松，黄彦彦．房价上涨、多套房决策与中国城镇居民储蓄率［J］．经济研究，2015（9）：100 - 112.

［25］李扬，殷剑峰，陈洪波．中国：高储蓄、高投资和高增长研究［J］．财贸经济，2007（1）：26 - 33.

［26］李勇辉，温娇秀．我国城镇居民预防性储蓄行为与支出不确定性关系［J］．管理世界，2005（5）：14 - 18.

［27］刘金全，毕振豫．普惠金融发展及其收入分配效应——基于经济增长与贫困减缓双重视角的研究［J］．经济与管理研究，2019（4）：37－46.

［28］刘铠豪，刘渝琳．破解中国高储蓄率之谜——来自人口年龄结构变化的解释［J］．人口与经济，2015（3）：43－56.

［29］凌晨，张安全．中国城乡居民预防性储蓄研究：理论与实证［J］．管理世界，2012（11）：20－27.

［30］龙志和，周浩明．中国城镇居民预防性储蓄实证研究［J］．经济研究，2000（11）：33－38.

［31］路继业，张冲．欧美国家宗教文化与储蓄率差异研究——来自OECD国家的证据［J］．经济与管理评论，2017（1）：23－28.

［32］陆铭，陈钊，万广华．因患寡，而患不均——中国的收入差距、投资、教育和增长的相互影响［J］．经济研究，2005（12）：4－14.

［33］陆静华．从金融政策看日本"泡沫经济"的形成和崩溃［J］．国际观察，1994（4）：22－25.

［34］鲁晓东．收入分配、有效要素禀赋与贸易开放度：基于中国省际面板数据的研究［J］．数量经济技术经济研究，2008（4）：53－64.

［35］罗纳德·麦金农．美元本位下的汇率：东亚高储蓄两难［M］．北京：中国金融出版社，2005.

［36］马丁·沃尔夫，冯明，程浩．转型与冲击：马丁·沃尔夫谈未来全球经济［M］．刘悦，译．北京：中信出版社，2015.

［37］马光荣，周广肃．新型农村养老保险对家庭储蓄的影响：基于CFPS数据的研究［J］．经济研究，2014（11）：116－128.

［38］缪延亮，唐梦雪，胡李鹏．低利率成因与应对［J］．比较，2020（2）：234－254.

［39］青木昌彦．对中国经济新常态的比较经济学观察［J］．比较，2015（2）：1－10.

［40］邱俊杰，李承政．人口年龄结构、性别结构与居民消费——基于省际动态面板数据的实证研究［J］．中国人口·资源与环境，2014，

24（2）：125－131.

［41］盛松成．当前局势下是否需要调整我国的汇率制度［J］．国际金融，2020（11）：11－14.

［42］施建淮，朱海婷．中国城市居民预防性储蓄及预防性动机强度：1999—2003［J］．经济研究，2004（10）：66－74.

［43］宋明月，臧旭恒．异质性消费者、家庭债务与消费支出［J］．经济学动态，2020（6）：74－90.

［44］宋铮．中国居民储蓄行为研究［J］．金融研究，1999（6）：46－50.

［45］苏华山，吕文慧，张运峰．未婚家庭成员人数对家庭储蓄率的影响——基于CFPS面板数据的研究［J］．经济科学，2016（6）：75－88.

［46］隋钰冰，尹志超，何青．外部冲击与中国城镇家庭债务风险——基于CHFS微观数据的实证研究［J］．福建论坛（人文社会科学版），2020（1）：132－144.

［47］孙涛，黄少安．非正规制度影响下中国居民储蓄、消费和代际支持的实证研究——兼论儒家文化背景下养老制度安排的选择［J］．经济研究，2010，45（S1）：51－61.

［48］孙凤．中国居民的不确定性分析［J］．南开经济研究，2002（2）：58－63.

［49］田丰，徐建炜，杨盼盼，茅锐．全球失衡的内在根源：一个文献综述［J］．世界经济，2012（10）：143－160.

［50］田新民，夏诗园．中国家庭债务、消费与经济增长的实证研究［J］．宏观经济研究，2016（1）：121－129.

［51］田新民，夏诗园．地方政府债务风险影响研究——基于土地财政和房地产价格的视角［J］．山西财经大学学报，2017（6）：26－38.

［52］万广华，史清华，汤树梅．转型经济中农户储蓄行为：中国农村的实证研究［J］．经济研究，2003（5）：3－12.

［53］万广华，张茵，牛建高．流动性约束、不确定性与中国居民消费［J］．经济研究，2001（11）：35－44.

［54］王策，周博．房价上涨、涟漪效应与预防性储蓄［J］．经济学动态，2016（8）：71-81．

［55］王德文，蔡昉，张学辉．人口转变的储蓄效应和增长效应——论中国增长可持续性的人口因素［J］．人口研究，2004（6）：2-10．

［56］王剑．韩国经济转型过程中的家庭债务问题［J］．财经科学，2014（8）：29-38．

［57］王少平，欧阳志刚．我国城乡收入差距的度量及其对经济增长的效应［J］．经济研究，2007（10）：44-55．

［58］王树，吕昭河．"人口红利"与"储蓄之谜"——基于省级面板数据的实证分析［J］．人口与发展，2019（2）：64-75．

［59］汪伟，艾春荣．人口老龄化与中国储蓄率的动态变化［J］．管理世界，2015（6）：47-62．

［60］汪伟，郭新强．收入不平等与中国高储蓄率：基于目标性消费视角的理论与实证研究［J］．管理世界，2011（9）：7-25．

［61］王先柱，赵奉军．房价波动与财政收入：传导机制与实证分析［J］．财贸经济，2012（11）：21-28．

［62］温忠麟，张雷，侯杰泰，刘红云．中介效应检验程序及其应用［J］．心理学报，2004（5）：614-620．

［63］温忠麟，叶宝娟．中介效应分析：方法和模型发展［J］．心理科学进展，2014（5）：731-745．

［64］魏玮，陈杰．加杠杆是否一定会成为房价上涨的助推器？——来自省际面板门槛模型的证据［J］．金融研究，2017（12）：48-63．

［65］魏下海，董志强，蓝嘉俊．地区性别失衡对企业劳动收入份额的影响：理论与经验研究［J］．世界经济，2017，40（4）：129-146．

［66］吴晓莹．家庭债务的宏观经济效应分析［J］．世界经济情况，2008（1）：54-58．

［67］伍戈，高莉，文若愚，林渊．居民加杠杆的是与非［J］．金融发展评论，2018（1）：1-6．

［68］武康平，皮舜，鲁桂华．中国房地产市场与金融市场共生性的

一般均衡分析〔J〕．数量经济技术经济研究，2004（10）：24 - 32．

〔69〕伍再华，张雄．城镇化视角下收入不平等与家庭债务变动——来自中国 30 个省市的数据〔J〕．经济与管理，2016（3）：39 - 45．

〔70〕谢洁玉，吴斌珍，李宏彬，郑思齐．中国城市房价与居民消费〔J〕．金融研究，2012（6）：13 - 27．

〔71〕解祥优．汇率制度选择对中国货币政策独立性的影响研究〔M〕．北京：中国金融出版社，2020．

〔72〕徐升艳，赵刚，夏永海．人口抚养比对国民储蓄的长期动态影响研究〔J〕．人口与经济，2013（3）：3 - 11．

〔73〕许桂华．家庭债务变动与居民消费的过度敏感性：来自中国的证据〔J〕．财经科学，2013（3）：95 - 104．

〔74〕杨继军，张二震．人口年龄结构、养老保险制度转轨对居民储蓄率的影响〔J〕．中国社会科学，2013（8）：47 - 66．

〔75〕叶德珠，连玉君，黄有光．文化与储蓄：基于优势分析的跨国实证研究〔J〕．金融评论，2015（3）：31 - 44．

〔76〕叶德珠，连玉君，黄有光，李东辉．消费文化、认知偏差与消费行为偏差〔J〕．经济研究，2012（2）：80 - 92．

〔77〕余丽甜，连洪泉．为结婚而储蓄？——来自中国家庭追踪调查（CFPS）的经验证据〔J〕．财经研究，2017（6）：17 - 27．

〔78〕余丽甜，詹宇波．家庭教育支出存在邻里效应吗？〔J〕．财经研究，2018（8）：61 - 73．

〔79〕于学军．1998 年货币政策效用解析〔J〕．经济研究，1999（3）：34 - 40．

〔80〕余永定．太阳底下无新事〔M〕．北京：中国社会科学出版社，2019．

〔81〕余永定，李军．中国居民消费函数的理论与验证〔J〕．中国社会科学，2000（1）：123 - 133．

〔82〕余永定．打破通货紧缩的恶性循环——中国经济发展的新挑战〔J〕．经济研究，1999（7）：3 - 9．

［83］张传勇，张永岳，武霁．房价波动存在收入分配效应吗——一个家庭资产结构的视角［J］．金融研究，2014（12）：86-101.

［84］张双长，李稻葵．"二次房改"的财政基础分析——基于土地财政与房地产价格关系的视角［J］．财政研究，2010（7）：5-11.

［85］赵西亮，梁文泉，李实．房价上涨能够解释中国城镇居民高储蓄率吗？——基于 CHIP 微观数据的实证分析［J］．经济学（季刊），2014，13（1）：81-102.

［86］张涛，龚六堂，卜永祥．资产回报、住房按揭贷款与房地产均衡价格［J］．金融研究，2006（2）：1-10.

［87］郑长德．中国各地区人口结构与储蓄率关系的实证研究［J］．人口与经济，2007（6）：1-4.

［88］钟宁桦，朱亚群，陈斌开．住房体制改革与中国城镇居民储蓄［J］．学术月刊，2018（6）：43-56.

［89］钟正生，张璐．"需求侧管理"怎么管？——基于消费提升的视角［J］．中国金融，2021（1）：82-83.

［90］周广肃，王雅琦．住房价格、房屋购买与中国家庭杠杆率［J］．金融研究，2019（6）：1-19.

［91］周利．高房价、资产负债表效应与城镇居民消费［J］．经济科学，2018（6）：69-80.

［92］周利，王聪．家庭债务与居民消费——来自家庭微观调查数据的证据［J］．软科学，2018（32）：33-37.

［93］周利，王聪．人口结构与家庭债务：中国家庭追踪调查（CFPS）的微观证据［J］．经济与管理，2017（31）：31-37.

［94］周利，易行健．房价上涨、家庭债务与城镇居民消费：贷款价值比的视角［J］．中国管理科学，2020（11）：80-89.

［95］周脉耕，等.1990—2015 年中国分省期望寿命和健康期望寿命分析［J］．中华流行病学杂志，2016（11）：1439-1443.

［96］周绍杰．中国城市居民的预防性储蓄行为研究［J］．世界经济，2010（8）：112-122.

［97］周绍朋，王健，汪海波．宏观调控政策协调在经济"软着陆"中的作用［J］．经济研究，1998（2）：31 – 37.

［98］朱波，杭斌．流动性约束、医疗支出与预防性储蓄——基于我国省际面板数据的实证研究［J］．宏观经济研究，2015（3）：112 – 119.

［99］朱超，易祯．自然利率的人口结构视角解释［J］．经济学动态，2020（6）：30 – 46.

［100］Adrien Auclert，Matthew Rognlie．Aggregate Demand and the Top 1%［C］．AEA meetings，2016.

［101］Baron R M，Kenny D A. The Moderator – mediator Variable Distinction in Social Psychological Research：Conceptual，Strategic，and Statistical Considerations［J］．Journal of Personality and Social Psychology，1986（51）：1173 – 1182.

［102］Becker G. Human Capital［R］．NBER，Cambridge，1975.

［103］Bellet C. Households' Debt，between – groups Inequality and Financial Innovations［D］．Research Master Thesis Sciences Po Department of Economics，2012.

［104］Bernanke B，and Gertler M. Agency Costs，Net Worth，and Business Fluctuations［J］．American Economic Review，1989，79（1）：14 – 31.

［105］Bielecki M，Kolasa M，Micha Brzoza – Brzezina. Demographics，Monetary Policy and the Zero Lower Bound［C］．Meeting Papers. Society for Economic Dynamics，2018.

［106］Blinder A. Distribution Effects and the Aggregate Consumption Function［J］．Journal of Political Economy，1975，87（3）：608 – 626.

［107］Bowman D，Londono J M，Sapriza H. US Unconventional Monetary Policy and Transmission to Emerging Market Economies［R］．FRB International Finance Discussion Paper No. 1109，2014.

［108］Brown Meta，Haughwout，et al. The Financial Crisis at the Kitchen Table：Trends in Household Debt and Credit［J］．Current Issues in Economics & Finance，2013.

［109］ Caballero R J. Earning Uncertainty and Aggregate Wealth ［J］. American Economic Review, 1991, 81 (4): 859 – 871.

［110］ Campbell Jeffrey R, Evans, et al. Macroeconomic Effects of Federal Reserve Forward Guidance ［J］. Brookings Papers on Economic Activity, 2012 (1).

［111］ Carlos Viana de Carvalho, Fernanda Feitosa Nechio, Andrea Ferrero. Demographics and Real Interest Rates: Inspecting the Mechanism ［J］. European Economic Review, 2016, 88: 208 – 226.

［112］ Carroll C D, Overland J and Weil D N. Saving and Growth with Habit Formation ［J］. American Economic Review, 2000, 90 (3): 341 –355.

［113］ Chamon M, Prasad E. Why Are Saving Rates of Urban Households in China Rising? ［J］. American Economic Journal: Macroeconomics, 2010 (2): 93 – 130.

［114］ Choi H, et al. Precautionary Saving of Chinese and US Households ［J］. Journal of Money Credit and Banking, 2017, 49 (4): 635 – 661.

［115］ Stijn Claessens, M A Kose, Marco E Terrones. Financial Cycles: What? How? When? ［M］. Chicago and London: University of Chicago Press, 2011: 303 – 343.

［116］ Richard Clarida, Jordi Gali, Mark Gertler. Monetary Policy Rules and Macroeconomic Stability: Evidence and Some Theory ［J］. Quarterly Journal of Economics, 2000 (115): 147 – 180.

［117］ Cole H L, Mailath G J, Postlewaite A. Social Norms, Savings Behavior, and Growth ［J］. Journal of Political Economy, 1992, 100 (6): 1092 – 1125.

［118］ Crossley T and O'Dea C. The Wealth and Saving of UK Families on the Eve of the Crisis ［M］. London: Institute for Fiscal Studies, 2010.

［119］ Cynamon B Z and Fazzari S M. Inequality, the Great Recession, and Slow Recovery ［J］. Cambridge Journal of Economics, 2014, 40 (2).

［120］ Deaton A. Growth, Demographic Structure and National Saving in Taiwan〔J〕. Population and Development Review, 2000, 26: 141 – 173.

〔121〕 Debell G. Macroeconomic Implications of Rising Household Debt〔C〕. International Settlements Working Paper, No. 153, 2004.

〔122〕 Dirk Krueger, et al. On the Consequences of Demographic Change for Rates of Returns to Capital, and the Distribution of Wealth and Welfare〔J〕. Journal of Monetary Economics, 2007, 54（1）.

〔123〕 Dynan K E. How Prudent Are Consumers〔J〕. Journal of Polotocal Economy, 1993, 101（6）: 1104 – 1113.

〔124〕 Dynan K E, Kinner J, and Zeldes S P. Do the Rich Save More?〔J〕. Journal of Political Economy, 2004, 112（2）: 397 – 444.

〔125〕 Eggertsson G B, Juelsrud R, Summers L, et al. Negative Nominal Interest Rates and the Bank Lending Channel〔M〕. Social Science Electronic Publishing, 2019.

〔126〕 Feinberg R E. Latin American Debt: Renegotiating the Adjustment Burden〔J〕. Columbia Journal of World Business, 1986, 21（3）: 19 – 29.

〔127〕 Fisher I. Debt Deflation Theory of Great Depression〔J〕. Econometrica, 1993（1）: 337 – 357.

〔128〕 Charles Goodhart. The Objectives for, and Conduct of, Monetary Policy in the 1990s〔M〕//Blundell – Wignall A. Inflation, Disinflation, and Monetary Policy. Sydney: Ambassador Press, 1992.

〔129〕 Gordon Rober. Is U. S. Economic Growth Over? Faltering Innovation Confronts the Six Headwinds〔R〕. NBER Working Paper, No. 18315, 2012.

〔130〕 Guiso L, Sapienza P and Zingales L. Does Culture Affect Economic Outcomes?〔J〕. Journal of Economic Perspectives, 2006, 19（20）: 23 – 48.

〔131〕 Hansen A H. Economic Progress and Declining Population Growth〔J〕. American Economic Review, 1939, 29（1）: 1 – 15.

〔132〕 Haider S, Solon G. Life – cycle Variation in the Association between Current and Lifetime Earnings〔J〕. American Economic Review,

2006, 96 (4): 1308 – 1320.

［133］ Harbaugh R. China's High Savings Rates ［R］. Working Paper, 2003.

［134］ Higgins M, Williamson J. Age Structure Dynamics in Asia and Dependence on Foreign Capital ［J］. Population and Development Review, 1997, 23 (2): 261 – 293.

［135］ Johnson Kathleen, Li Geng. Do High Debt Payments Hinder Household Consumption Smoothing? ［J］. Finance and Economics Discussion Series, 2007, 19 (1).

［136］ Lars Jonsson. Knut Wicksell's Norm of Price Stabilization and Swedish Monetary Policy in the 1930s ［J］. Journal of Monetary Economics, 1979 (5): 459 – 496.

［137］ John P. Judd, Glenn D. Rudebusch. Taylor's Rule and the Fed: 1970—1997 ［J］. Federal Reserve Bank of San Francisco Economic Review, 1998 (3): 3 – 16.

［138］ Kaldor N. Alternative Theories of Distribution ［J］. Review of Economic Studies, 1955, 23 (2): 83 – 100.

［139］ Engin Kara, Leopold von Thadden. Interest Rate Effect of Demographic Changes in a New Keynesian Life – cycle Framework ［J］. Macroeconomic Dynamics, 2016, 20 (1).

［140］ Keynes J M. General Theory of Employment, Interest and Money ［M］. New York: Harcourt Brace & Company, 1936.

［141］ Kim Y K. The Macroeconomic Implication of Household Debt: An Empirical Analysis. Preliminary Draft ［R］. University of Massachusetts Boston, 2011.

［142］ King M. Debt Deflation: Theory and Evidence ［J］. European Economic Review, 1994, 38 (3 – 4): 419 – 445.

［143］ Kuijs L. Investment and Saving in China ［R］. The World Bank, 2005.

［144］ Kydland F E , Prescott E C . Business Cycles：Real Facts and a Monetary Myth ［J］. Quarterly Review, 1990, 00 （Spr）：3 – 18.

［145］ Manuel Lancastre. Inequality and Real Interest Rates ［J］. Munich Personal RePEc Archive, 2016.

［146］ Leland H E. Saving and Uncertainty：the Precautionary Demand for Saving ［J］. Quarterly Journal of Economics, 1968, 82 （3）：465 – 473.

［147］ Leff N H. Dependency Rates and Saving Rates ［J］. American Economic Review, 1969, 59 （5）：886 – 896.

［148］ Lewis W A. Economic Development with Unlimites Supplies of Labor ［J］. The Manchester School, 1954 （22）：139 – 191.

［149］ Lisack Noemie, Sajedi Rana, Thwaites Gregory. Demographic Trends and the Real Interest Rate ［R］. Bank of England Working Papers, 2017.

［150］ Ludwig Straub. Consumption, Saving, and the Distribution of Permanent Income ［J］. Money Macro Seminar Junior Recruiting Seminar, 2017.

［151］ Lusardi A. On the Importance of the Precautionary Saving Motive ［J］. American Economic Review, 1998, 88 （2）：449 – 453.

［152］ MacKinnon D P, Lockwood C M, Hoffman J M, West S G, Sheets V. A Comparison of Methods to Test Mediation and Other Intervening Variable Effects ［J］. Psychological Methods, 2002 （7）：83 – 104.

［153］ Mian A, Rao K, Sufi A. Household Balance Sheets, Consumption, and the Economic Slump ［J］. Quarterly Journal of Economics, 2013, 128 （4）：1687 – 1726.

［154］ Atif Mian, Amir Sufi. What Explains High Unemployment? The Aggregate Demand Channel ［R］. NBER Working Paper, 2012.

［155］ Minsky H. Stabilizing An Unstable Economy ［M］. Yale University Press, 1986.

［156］ Modigliani F, Brumberg R. Utility Analysis and the Consumption Function：An Attempt at Integration ［M］//Kurihara K. Post – Keynesian Economics, Rutgers University Press, New Brunswickm NJ, 1954.

［157］Palley T I. Debt, Aggregate Demand, and the Business Cycle: An Analysis in the Spirit of Kaldor and Minsky ［J］. Journal of Post Keynesian Economics, 1994, 16 (3).

［158］Papetti A. Demographics and the Natural Real Interest Rate: Historical and Projected Paths for the Euro Area ［R］. Working Paper Series, 2019.

［159］Rachel L, Smith T. Secular Drivers of the Global Real Interest Rate ［M］. Social Science Electronic Publishing, 2015.

［160］Rachel L, Summers L. On Falling Neutral Real Rates, Fiscal Policy, and the Risk of Secular Stagnation ［R］. Brookings Papers on Economic Activity, 2019.

［161］Ram R. Dependency Rates and Aggregate Savings: A New International Cross – section Study ［J］. American Economic Review, 1982, 71 (3): 537 – 544.

［162］Ramajo J, et al. Explaining Aggregate Private Saving Behaviour: New Evidence from a Panel of OECD Countries ［J］. Applied Financial Economics Letters, 2006, 2 (5): 311 – 315.

［163］Ranciere R, Kumhof M. Inequality, Leverage and Crisis ［R］. IMF Working Paper, International Monetary Fund, 2010: 1 – 36.

［164］Saez E, Zucman G. Wealth Inequality in the United States Since 1913: Evidence from Aapitalized Income Tax Data ［R］. NBER Working Paper No. 20625, 2014.

［165］Skinner J. Risky Income, Life Cycle Consumption, and Precautionary Saving ［J］. Journal of Monetary Economics, 1988, 22 (2): 237 – 255.

［166］Sobel M E. Asymptotic Confidence Intervals for Indirect Effects in Structural Equation Models ［J］. Sociological Methodology, 1982, 13: 290 – 312.

［167］Summers L H. Speech at the IMF's Fourteenth Annual Research Conference in Honour of Stanley Fisher ［C］. Washington D. C., 8 Nov, 2013.

［168］ Summers L H . U. S. Economic Prospects：Secular Stagnation，Hysteresis，and the Zero Lower Bound ［J］ . Business Economics，2014，49（2）：65 – 73.

［169］ John B. Taylor. Discretion Versus Policy Rules in Practice ［J］. Carnegie – Rochester Conference Series on Public Policy，1993（39）：195 –214.

［170］ Taylor J B . The Robustness and Efficiency of Monetary Policy Rules as Guidelines for Interest Rate Setting by the European Central Bank – From Econometric Design to Practical Operation ［J］ . Journal of Monetary Economics，1999，43（3）.

［171］ Walther H. Competitive Conspicuous Consumption，Household Saving and Income Inequality ［R］ . Vienna University of Economics and Busineaa Administration Working Paper No40，2004.

［172］ Wei S J，Zhang X B. The Competitive Saving Motive：Evidence from Rising Sex Ratios and Savings Rates in China ［J］ . Journal of Political Economy，2011，119（3）：511 –564.

［173］ Woodford M . Interest and Prices ：Foundations of a Theory of Monetary Policy ［M］ . Princeton University Press，2003.

［174］ Knut Wicksell. Interest and Prices ［M］ .London：MacMillan，1936.

［175］ Wilson S J. The Savings Rate Debate：Does the Dependency Hypothesis Hold for Australia and Canada？ ［J］ . Australian Economic History Review，2000，40（2）：199 –218.

附录 A 理论模型符号含义表

符号	含义
N_{t-1}^y；N_t^m；N_{t+1}^o	行为人一生三个时期内少儿、成年和老年人口数量
C_{t-1}^y；C_t^m；C_{t+1}^o	少儿时期、成年时期和老年时期的消费
n_t	人口增长率
H	住房贷款价值
h	家庭杠杆率
p	成年人生存到老年人的概率
β	跨期贴现系数
Q_{t+1}	$t+1$ 期老年人遗留代际财产
Q_t	t 期老年人遗留代际财产
l_t	老年人遗留代际财产增长率
q_t	遗留的代际财产占工资的比重
w_t	成年人工资水平
r_t；r_{t+1}	t 期和 $t+1$ 期银行贷款利率
P_t^h	t 期房产价格
r_t^h	房产价格变动率
S_t^m	成年人的储蓄额
s_t	家庭储蓄率
B_{t-1}^y	少年时期向成年时期的借款
S_t^h	t 时期高收入人群的家庭储蓄
S_t^l	t 时期低收入人群的家庭储蓄
η	低收入家庭占比
$\bar{y_t}$	家庭平均收入
$\vec{y_t^h}$；$\vec{y_t^l}$	高、低收入家庭平均收入
σ_{y_t}	家庭收入标准差
MSR^h；MSR^l	高、低收入家庭边际储蓄倾向

后　　记

距离 2021 年 5 月完成博士论文答辩，忽然快一年。又是一年春暖花开，自己仿佛还是校园里一腔热血要做大事的那个意气风发的青年。

博士论文答辩会上，老师们说，我的论文以后可以出书。当时觉得这是一个鼓励，更是遥远的梦想。在老师和家人的支持下，重拾书稿，再次反复阅读，修修补补。今天论文成书，就要和更多的读者见面了，它倾注了很多的人的心血，对于我的导师和我来说，它是一块宝贝，但是对于经济研究的大厦而言，它还是一块砖，期待来自读者的交流、批评和指正。

本书的研究主题起源于对低利率和家庭高储蓄、高债务的观察，求解家庭储蓄和家庭债务的关系，厘清家庭储蓄、利率、房价与家庭债务的逻辑关系。2020 年重大公共卫生事件新冠肺炎疫情席卷全球，各经济体实行宽松的货币政策刺激经济，家庭储蓄率上涨，全球利率再次普遍下降，全球房价和家庭债务普遍显著上涨，宏观现实的演变进一步验证了本书提出的经济逻辑。本书主体内容来源于我的博士学位论文，这篇论文承载了我的学术成长之路。

在博士论文写作过程中我得到了很多良师益友的帮助。衷心感谢我的恩师李婧老师，李老师是我的硕士生、博士生导师，她如师如母，对我的人生有很大的影响。还记得 2016 年我刚到首都经济贸易大学就读，李老师对我说"英雄不问出处，关键是从现在开始，心向未来"，让我信心倍增。初入学时，我的写作功底欠佳，李老师耐心地辅导和帮助我，老师总能第一时间修改论文，满篇的红字让我很感动。老师总说"只有不断打磨的文章才能成为好文章"，我们也一直是这样做的。还记得在小树林、三食堂、诚明楼和博学楼，我们一遍遍推敲和打磨每篇论文，其中《生肖文化影响生育吗?》是我的第一篇经济学论文，论文在宣讲和投稿过程中遭受众多质疑，但是李老师肯定论文研究的价值，我们不断切磋完善论文，最终将论文发表于《人口与经济》，这更加坚定了我读博的信心。随后，在李老师的指导下，我发表了论文《家庭规划对储蓄的影响："生命周期"效应还是"预防性储蓄"效应?》，这为我的博士论文选题"中国家庭储蓄与债务问题研究"奠定了基础。论文成形之时，李老师还不断地与同行讨论家庭储蓄和债务问题，并与我分享交流体会和最新文献，促使论文逻辑严整，论证充分有力。由于疫情，我在预答辩后必须离校，李老师早早赶到图书馆，全部批阅了我的论文，让我带回家继续打磨。假期时间，我们每周仍然坚持线上交流，修改论文。李老师常说"读书让人满足，学习是一种信仰，是相当美好的事"。在本书成稿之前，李老师再次进行了全面审校，并与我进行了多次讨论。李老师对学习和生活的热爱深深影响着我，让我在短短的五年里大步前进。李老师如太阳般温暖身边的每个人，她总能发现生活的乐趣，我们每个学生都是她的"宝藏"。我最喜欢李老师灿烂的笑容，喜欢和李老师一起拍照，有时翻着这几年来的相册，不禁感慨时光荏苒，能遇此良师，实属幸运! 师恩难忘，短短文字难道恩师之情。

我还要衷心感谢母校可爱可敬的师长们，他们始终秉承着"崇德尚能、经世济民"的理念，在学术和为人上为首经贸学子做出表率。很多老师在学业上给予我无私的指导和帮助。硕士研究生一年级时，申萌老师是我的论文写作启蒙老师，耐心地指导我论文实证。在论文答辩中，刘霞辉老师、李军林老师、杨春学老师、张连城老师、田新民老师、王少国老师和周明生老师提出了很多宝贵建议。我特别感谢张连城老师、杨春学老师、周明生老师、王少国老师、田新民老师、徐雪老师、郝宇彪老师、陆明涛老师、汪新波老师、朱超老师、尹志超老师、李鲲鹏老师和任光宇老师，他们对我的学习生涯和论文写作有很大帮助。通过学术会议和交流，我认识了很多优秀的师友，他们是我学习的榜样，衷心感谢张明老师、徐奇渊老师、游宇老师、陆明涛老师、史桂芬老师和侯蕾老师给予的帮助和鼓励。

读博期间，李老师鼓励我以开放的心态去学习，珍惜任何亲近学术的机会。2018 年 1 月至 6 月，我在法国克莱蒙高等商学院学习了半年，由衷感谢我的国外导师 Balazs 教授，他与我讨论中欧文化差异，对我羊年生肖文化的论文提出了建议。我还要感谢在国外与我一起留学的伙伴们，特别感谢张晓歌、任婕茹、吕娟和 Priyanka，在国外陌生的环境里，他们就是我的家人。2018 年 7 月，我到上海财经大学学习"三高"课程，得到了罗大庆老师和陈亮老师的指导；8 月我参加了上海对外经贸大学暑期夏令营，学习了应用微观经济学课程，得到了陆铭老师和江艇老师的指导。

在求学路上，我遇到很多志同道合的朋友，他们的鼓励和陪伴使我的学习生涯更加丰富多彩。感谢我的师门同学，他们生活上关心鼓励我，学术科研上为我提供了大量帮助，在无数次师门读书会上，他们对我的论文提出重要建议，可以说我的论文成果是师门们共同智慧的结晶。感谢解祥优、张彩琴、吴远远、高明宇、李世恒、姜雪晴、刘瑶和宁心源，即使我写下更长的名单，都会遗漏最重要的一位。

家人的支持和鼓励是我永远的依靠，衷心感谢父母和妹妹对我学业上的支持，在我遭受挫折不得志时，他们总是温情拥抱我，让我重拾勇气面对风雨。父母一直鼓励我多读书，他们重视子女教育，父亲常说"人的一生很短，要珍惜这几年读书的机会，要拼命地学习"。父母的经济支持和情感关怀让我没有任何后顾之忧地深造学习，感谢父母的养育之恩，感谢父母对于本书出版的大力支持。特别感谢与我一起长大的朋友安全，从懵懂少年到而立之年，他是我学习和奋斗的同伴，让我更乐观勇敢，保持对世界的好奇之心。非常感谢中国金融出版社的编辑们，他们认真敬业，一遍遍地校对书稿，这才让本书很快与读者见面。

将近一年中，我感觉自己是半个学生、半个研究人员。2021 年 7 月，我博士毕业后供职于华夏银行博士后科研工作站。工作站为我从学术研究到业务工作转变提供了很好的平台。日常我主要从事宏观经济、国际经贸观察和商业银行国际化的研究工作。在工作过程中，我慢慢体会到校园里的学术研究与工作中的金融市场很不一样，现在更注重对宏观经济金融市场的及时研判，强调作出灵敏的政策反应，这对我提出了更高的要求，而学术论文的写作是"小火慢炖"。我比上学时更加勤奋地学习，恶补货币金融理论，关注经济金融动态，厘清经济主体之间的逻辑关系和利益牵连。学以致用，知行合一，都不是那么简单。非常感谢我的领导，将近一年的研究中给予我很多指导和帮助，让我深刻体验到学术要服务中国经济发展。这一年也是我验证自己博士论文核心发现的一年，观察家庭消费、储蓄的变化，关注房价和货币政策的变化，不断复盘、核验。博士后的工作经历是研究道路上的一个新起点。

任何研究大型经济活动的模型都不可能包罗现实世界的复杂性。经济学可以提供有价值的洞见，但其方式只能是关注研究对象的本质属性，忽略那些确实存在但对主题并不非常重要的许多其他因素，只考虑关键因素。李老师在序言里写道，这本书是我的青春之作。心动之时，一路走来，有心酸，更收获了感动与欣喜。最后，我衷心感谢帮助过我的良师益友，让我拥有如此精彩的青春，做世界的水手，奔向所有的码头！历经磨练，我感觉又站在了新的起点，再出发。

许晨辰
2022 年 4 月 21 日